Roswitha Eichinge

Holunder: ein bewährtes Hausmittel neu entdeckt

Unter Mitarbeit von
Edgar Gugenhan und
Kerstin Schreiber

TRIAS

Die Deutsche Bibliothek – CIP-Einheitsaufnahme
Eichinger, Roswitha:
Holunder: ein bewährtes Hausmittel neu entdeckt : so stärken Sie Ihre Abwehrkräfte, lindern Grippe und Bronchitis und entwässern Ihren Körper auf natürlich sanfte Art / Roswitha Eichinger.
Unter Mitarb. von Edgar Gugenhan und Kerstin Schreiber. –
Stuttgart : TRIAS, 1999
ISBN 3-89373-536-4

Dieses Buch wurde in der neuen deutschen Rechtschreibung verfasst.
Gedruckt auf chlorfrei gebleichtem Papier

Leserservice

Wenn Sie Fragen oder Anregungen zu diesem Buch haben, schreiben Sie uns an:

TRIAS Verlag
Postfach 30 11 07
D-70451 Stuttgart

oder schicken Sie eine E-Mail an:

trias.lektorat
@thieme.de

Konzeption und Projektleitung: Werner Waldmann
Redaktion: Marion Zerbst
Korrektur: Karl Beer, Andrew Leslie
DTP: Dr. Katrin Beyer
Fooddesign: René Schulte
Produktion: WZ Media, Stuttgart
Umschlaggestaltung: CYCLUS · Visuelle Kommunikation, Stuttgart
Druck: Westermann Druck, Zwickau
Fotos: Cover vorne: P. Thul, Dr. Roland Spohr; Cover hinten: P. Thul; Edgar Gugenhan (2); Ketchum (S. 110); Peter Kölln (S. 117); WZ Media (32)

ISBN 3-89373-536-4

Inhalt

Ein uraltes Hausmittel erlebt eine Renaissance

Der oft auch „Holler", „Holder" oder „gemeiner Flieder" genannte Holunder ist fester Bestandteil des europäischen Volksbrauchtums. Er spielt seine Rolle als Lebens- und Schutzbaum in Kinderversen, Bauernregeln, Märchen und Mythen. Seit Jahrhunderten ist er ein so genannter „Kulturbegleiter": Es gibt kaum ein Bauerngehöft in Europa, wo nicht irgendwo ein Holunderstrauch steht.

Nicht umsonst wird der Holunder traditionell „Apothekenschrank der Bauern" genannt. Alle seine Bestandteile, von der Wurzel bis zur Spitze, von der Rinde bis zum Blatt, vom Rindenmark bis zur Blüte und zur Beerenfrucht, können als Heil- und Hausmittel verwendet werden. Die Holunderbestandteile wirken besonders gut bei fiebrigen Erkältungen und Grippe, bei Asthma oder Bronchitis und leisten auch Hervorragendes bei Kuren zur Blutreinigung und Entschlackung.

Darüber hinaus bereichert der Holunder den häuslichen Speiseplan. Berühmt sind die aus seinen Blütendolden herausgebackenen „Holler-Küchel". Sie haben in der traditionell nach dem jahreszeitlichen Ablauf ausgerichteten ländlichen Küche ihren festen Platz in den Monaten Mai und Juni. Mit der Ernte der Holunderbeeren ab Ende August und im September folgen dann die Kaltschalen, Kompotte, Saftzubereitungen und Marmeladen sowie Liköre und sonstige Spirituosen. Wir haben hier solche schönen und einfach nachzubereitenden Rezepte für Sie ausgegraben.

Zu den erklärten Leibspeisen Johann Wolfgang von Goethes, der nicht nur deutscher Dichterfürst, sondern außerdem ein berühmter Feinschmecker war, gehörte Hirschbraten mit Holundersauce.

Dieses Buch soll Sie wieder neugierig machen auf die Vielseitigkeit des Holunders, Ihnen Lust dazu machen, das althergebrachte und oft schon vergessene Gute wieder aufleben zu lassen und mit den Mitteln moderner Küchentechnik noch besser auszu-

Der Schwarze Holunder erfreut sich bei uns auch als Gartenpflanze immer größerer Beliebtheit.

nutzen als die früheren Generationen. Im ersten Teil unseres Buches informieren wir Sie mit zahlreichen Tipps und Anwendungsbeispielen über den Holunder als wirksame Heilpflanze für die Selbstmedikation im häuslichen und familiären Bereich. Zusätzlich stellen wir Ihnen eine spezielle Holunderkur zur Blutreinigung und Entgiftung vor. Sie erhalten einen Überblick über die geradezu sensationellen neuesten Forschungsergebnisse zum Thema „Holunder" und lernen nicht nur altbewährte Hausmittel aus der Volksmedizin, sondern auch Pflanzenheilmittel und homöopathische Holunderpräparate aus der Apotheke kennen.

Die Holunderkur kann sowohl als Frühjahrskur als auch im Spätsommer und Herbst als Vorbereitung auf die Grippe- und Erkältungszeit durchgeführt werden.

Außerdem finden Sie in diesem Buch Hinweise für das richtige Sammeln, Aufbewahren und Verarbeiten der Pflanzenteile und erfahren natürlich auch, wie man Holunder im eigenen Garten kultiviert. Gehen Sie auf Entdeckungsreise mit dieser Heil-, Haus- und Küchenpflanze – lernen Sie sie so zu schätzen, wie unsere Altvorderen es seit eh und je getan haben!

Was ist am Holunder so gesund?

Dem Schwarzen Holunder werden seit alten Zeiten geheimnisvolle, dunkle Kräfte zugeschrieben. Diese Heilkräfte werden dem Menschen heutzutage aufgrund der modernen biochemischen Erforschung einzelner Pflanzeninhaltsstoffe begreifbarer. Vor einigen Jahren wurde wissenschaftlich nachgewiesen, dass der Holunder spezielle Substanzen enthält, die so genannten Lektine. Diese sind äußerst wirksame Helfer bei der Bekämpfung von immer wieder sich verändernden Grippeviren. Der Holunder sollte aus der dunklen Ecke geholt werden, in der er seit längerer Zeit steht, und einen gut sichtbaren Ehrenplatz in der Reihe der anerkannt wirkungsvollen pflanzlichen Arzneimittel erhalten!

In nördlichen Gegenden Deutschlands – von der Elbe bis nach Schleswig, von Pommern bis zum Spreewald – wird der Schwarze Holunder von alters her als „Flieder" bezeichnet. Daher sprechen auch manche alte Rezepte von „Fliedertee" und „Fliederbeeren"; gemeint ist damit aber der Holunder.

Wenn man vom Holunder spricht, meint man in aller Regel das überall in Europa sowie in Kleinasien, Westsibirien, Nordafrika und Israel verbreitete halbhohe, schnell verholzende Strauchgewächs mit den schirmförmigen, rahmweißen Blütendolden im Mai und Juni und den dunklen, violettschwarzen Beerenkaskaden im Spätsommer: den „Schwarzen Holunder", lateinisch *Sambucus nigra* – im Unterschied zu seinen Artverwandten, dem Traubenholunder *(Sambucus racemosa)* und dem Zwergholunder, lateinisch *Sambucus ebulus* (auch Attich genannt).

Der Holunder gehört zur Familie der Geißblattgewächse und ist mit Ziersträuchern wie dem Schneeball, dem Geißblatt, der Heckenkirsche und der Weigelie verwandt. Er ist auch mit kargen, steinigen Böden zufrieden, braucht aber feuchten Untergrund und Halbschatten. Dann treibt er rasch und kraftvoll aus mit wucherndem Blattwerk und üppigen, stark duftenden Blütensternchen. Angesichts dieses verschwenderischen Wachstums im Detail und in die Breite erreicht er insgesamt eine Wuchshöhe von nur vier bis sechs Metern. Damit kann er sowohl zu den Sträuchern als auch zu den Bäumen gezählt werden.

Der Holunderbaum bzw. -strauch gehört zu unseren so genannten „Kulturbegleitern". Er ist aufgrund von Funden in Siedlungsresten, in Pfahlbauten und Grabbeigaben bis in die Jungsteinzeit vor rund 10 000 Jahren nachweisbar. Gedeihliche Standorte in der Nähe des Menschen befinden sich für diesen „Strahlensucher" regelmäßig über unterirdischen Wasseradern im Halbschatten von Hauswänden, Hecken, Zäunen und Mauern. In freier Natur liebt er entsprechende Plätze über feuchtem Grund an Waldrändern und in Waldlichtungen. Der Mensch hat schon sehr bald die vielseitige Verwendbar-

Nach altem Bauernglauben schützt der Hollerstrauch an Haus und Stall vor Bränden und ansteckenden Krankheiten sowie vor Verhexung durch den Feind oder durch böse Nachbarn. Nur noch der Haselstrauch kommt an schutzmächtiger Bedeutung in Märchen, Legenden und Spruchweisheiten an den Holunder heran.

keit des Holunders erfasst und alles an ihm zu nutzen gewusst: die zerriebenen Rinden und Wurzeln, die frischen und getrockneten Blüten und Blätter sowie die frischen und getrockneten oder auch zermörserten Beerenfrüchte. Das Holz des Holunders eignet sich hervorragend für Schnitz- und Drechslerarbeiten.

Der Holunder – heilkräftig von der Wurzel bis zum Wipfel

Dass der Holunder als eine wahre „Apotheke Gottes" bei einer ganzen Reihe von körperlichen Beschwerden Hilfe bringen kann, ist in der Volksheilkunde von jeher bekannt. Wer in den Übergangsjahreszeiten von fiebrigen Erkältungskrankheiten ergriffen wird oder gar eine

Um den Holunderstrauch ranken sich viele Bauernregeln. Wenn er eine lange Blütezeit erleben darf, kann der Bauer davon ausgehen, dass es eine lange Ernte gibt, und umgekehrt: eine nur kurze bei kurzer Holderblüte. Der Holunder ist auch ein Indikator für die Wetterlage im späten Frühjahr: Solange er noch nicht ausschlägt (d. h. Blätter ansetzt), muss mit Frost gerechnet werden.

echte Grippe ausschwitzen muss, greift zum Blätter- und Blütentee, trinkt heiß gemachten Muttersaft aus den Beeren oder Holunderwein.

Wer sein Blut von Giftstoffen befreien will, erreicht die besten Wirkungen mit besonderen Teemischungen, die getrocknete Holunderblätter und -beeren enthalten. Selbst Hautprobleme, Flechten und Ekzeme können mit Auflagen, Breizubereitungen und Kompressen aus zerquetschten Trockenbeeren, dem weißen Mark und grünen Rindenstückchen des Holunders beseitigt werden.

Die moderne biochemische Forschung liefert uns heute exakte Analysen der einzelnen Wirkstoffe von Heilpflanzen, die sie zuvor voneinander isoliert hat. Im Fall des Holunders haben erst in letzter Zeit grundlegende Forschungsanalysen aufregende Ergebnisse zutage gebracht. Sie haben den fast schon in Vergessenheit geratenen Baumstrauch und seine rätselhaften und vielseitigen Fähigkeiten in ein ganz neues Licht gerückt.

Holunderlektine gegen Influenzaviren

Die neuesten Erforschungen der medizinischen Wirksubstanzen des Holunders haben wissenschaftlich bestätigt, was die Volksmedizin aus praktischer Erfahrung schon seit Jahrtausenden wusste. Insbesondere der Extrakt aus der Holunderbeere, aber auch die Wirkstoffe aus Blüten, Blättern, Rinde und Wurzel können unser Immunsystem stärken und erfolgreich Erkältungs- und Grippeviren bekämpfen.

- Immunologen und Biochemiker haben seit den Achtzigerjahren verstärkt den Holunder ins Visier genommen und mit modernsten Methoden erforscht. Dabei haben sie eine Reihe erstaunlicher neuer Erkenntnisse gewonnen: Der Holunder besitzt sowohl in seinen Früchten als auch in seiner Rinde spezielle Eiweiß-Wirkstoffe mit besonderen Verklebungseigenschaften, die Lektine. Diese sind sehr reich an Aminosäuren, den Bausteinen der Proteine. Sie schützen die Pflanze vor dem Befall durch Viren und andere schädliche Mikroben.

Getrocknete Holunderblüten und -beeren gibt es in jeder Apotheke zu kaufen; Blätter, Rinde, Wurzeln und Mark muss man aber selbst sammeln.

- Es wurde nachgewiesen, dass diese Holunderlektine ebenso erfolgreich das Eindringen von Grippeviren in Körperzellen des Menschen verhindern können. Viren können nur dann überleben und sich vermehren, wenn sie in die Zellen eines Wirtes eingedrungen sind. Um die fremden Zellwände aufzulösen, produzieren sie spezielle Enzyme. Bei neun Arten von Grippeviren (Influenza) wird die zellwandauflösende Tätigkeit der Virusenzyme durch Holunderlektine und ihre Verklebungseigenschaft außer Kraft gesetzt.
- Außerdem fanden die Forscher heraus, dass die Holunderproteine in der Lage waren, das Virusenzym Neuraminidase aufzulösen. Mithilfe dieses Enzyms kann das Grippevirus Zellwände niederreißen und so ins Zellinnere eindringen.
- Ein in den USA erhältlicher, aus dem Holunder gewonnener Sirup („Sambucol“) gilt als „Nahrungsergänzungsmittel“. Er kann aber besser als jedes Medikament mit sicherem Erfolg sieben Arten von Grippeviren bekämpfen, darunter die berüchtigten Hongkong- und Singapur-Stämme.

„Sambucol“ (nach dem Patent der amerikanischen Virologin Dr. Mumcuoglu) ist derzeit leider noch nicht bei uns erhältlich.

Inhaltsstoffe der Holunderblätter

Abgerissene Holunderblätter welken sehr schnell und verfärben sich dann schwärzlich. Wenn man sie zerreibt,

Die besondere Heilwirkung der Holunderblätter hat schon der schwedische Botaniker Linnaeus im 18. Jahrhundert erforscht. Er hatte beobachtet, dass Schafe, die am Rotlauf (einer bakteriellen Infektionskrankheit) litten, Holunderblätter fraßen und so wieder gesund wurden.

Achtung! Für Speisezubereitungen müssen wegen des giftigen Inhaltsstoffs Sambunigrin vor der Weiterverarbeitung unreife Beeren, Stiele und Stängel des Holunders sorgfältig entfernt werden!

Holunderblätter, in vorsichtiger Dosierung als Heilsubstanzen angewendet, können aufgrund des Sambunigrins sowohl abführende Wirkung haben als auch zum Erbrechen anregen. Ebenso wirken die Blausäure-Glykoside auf Atmung, Herz und Lungen lähmend, wenn sie im Übermaß genossen werden, aber anregend und befreiend in der heilkräftigen Dosis.

verbreitet sich ein seltsamer Geruch wie nach einem Schwelbrand. Der Geruch kommt von den Zuckerstoffen im Blatt, die Blausäure enthalten, den gleichen Inhaltsstoff wie in der Bittermandel. Das ist eigentlich ein Gift. Genauer gesagt, spaltet sich beim Zerreiben die Blausäure (das Zyanid) von den Blatt-Zuckerstoffen (den so genannten Glykosiden) ab. Der im Blatt, aber auch in den Beeren enthaltene Wirkstoff, der die Blausäure enthält, ist das Sambunigrin.

Es kommt in Kristallform, aber auch im Pflanzenzellsaft gelöst in allen Bestandteilen des Holunders vor. Besonders hoch konzentriert ist es in den jungen Pflanzen, in grünen Trieben und Blättern, aber auch in unreifen Beeren und Stielen bzw. Stängeln des Holunders. Wegen der Giftigkeit und Brechreizwirkung des Sambunigrins sollten bei einer Weiterverarbeitung in der Küche solche Teile sorgfältig entfernt werden.

Holunderblätter-Rezepte aus Großmutters Hausapotheke

Holunderblättertee gegen Darmgase

Tee von frischen Holunderblättern verhindert Gasbildung im Darm. Abends vor dem Schlafengehen 1 Tasse heißen Blättertee-Aufguss trinken. Vorsicht mit der Blätterzugabe: Wenn zu viele Blätterinhaltsstoffe im Tee enthalten sind, kann er zum Erbrechen führen! (2–3 Blätter pro Tasse genügen.)

Holunderblättertee gegen trockene, juckende Haut im Alter

Für 40 g Tee in der Apotheke als getrocknete Kräuter zusammenmischen lassen: 2,5 g Leinkraut, 7,5 g Walnussblätter, 12,5 g Ehrenpreis, 7,5 g Holunderblätter, 7,5 g Stiefmütterchen, 2,5 g Eichenrinde. Der Tee wird als Aufguss zubereitet: $1^1/_2$ TL werden mit 1 Tasse kochendem Wasser übergossen und 15 Minuten stehen gelassen, dann abgeseiht. Täglich sollen 3 Wochen lang 2–3 Tassen warm getrunken werden. Danach 1 Woche aussetzen und eventuell die Kur noch einmal wiederholen.

(Rezept von Kräuterpfarrer Weidinger)

Lauwarme, feuchte Auflagen mit einer Paste aus grünen Holunderblättern, zermörsert und vermischt mit Nierenfett oder Rindertalg, lindern Gichtschmerzen und lassen heiße, entzündliche Schwellungen und Geschwüre abschwellen. Abgekühlt kann diese Paste auch auf leichte Verbrennungen aufgelegt werden, bei denen die Haut noch auf der Brandstelle liegt.

Holunderblätter-Kompressen gegen Hautflechte und Nagelbettentzündungen

2–3 frische Holunderblätter unter fließendem kaltem Wasser reinigen, Stängel entfernen, zerschneiden und in wenig kaltem Wasser so lange kochen, bis ein dicker Brei entsteht. Dazu einige Tropfen gutes Olivenöl geben. Den

Ein Salat aus jungen Holunderblätter-Knospen im Frühling, die man kurz in heißes Wasser taucht, mit kaltem Wasser abschreckt und mit Salz, Essig und Öl anmacht, gilt als Mittel gegen alle möglichen Hautreizungen, Pickel und Ausschläge.

heißen Brei in einem Fingerling (eventuell einem Leinenläppchen, um den Finger gewickelt) 12 Stunden auf die eitrige, entzündete Stelle einwirken lassen. Morgens lauwarm abwaschen, mit Arnikatinktur nachbehandeln.

(Nach Kräuterpfarrer Weidinger)

Holunderblätter-Sud gegen müde Füße

Frische grüne Holunderblätter (ca. eine Hand voll) und etwas Rinde in Salzwasser kochen. Das Ganze abseihen und dem Fußbad zusetzen. Macht müde Füße wieder munter und lässt sie abschwellen!

6–8 frische Holunderblätter auf 250 ml Wasser geben, aufkochen und ca. 5 Minuten ziehen lassen. Nüchtern 1 Tasse morgens trinken, eventuell auch über den Tag verteilt jeweils 1 Tasse vor dem Essen.

Holunderblätter-Kompressen gegen Hämorrhoiden, Brandwunden und Tumoren

Frisch gepflückte Holunderblätter, zerquetscht und mit Milch zu Brei gerührt, helfen bei Hämorrhoiden und auch als Auflagen auf Brandwunden. Die Kompressen sollten stündlich gewechselt werden! Diese Auflage wird auch immer wieder als heilende Maßnahme bei äußerlichen Tumoren empfohlen. Das könnte durchaus stimmen, da die neueste Erforschung der Holunder-Inhaltsstoffe Heilwirkung auch bei Tumoren belegt.

Holunderblüten für die Gesundheit

Wenn der Holunder in Blüte steht – Ende Mai und im Juni –, weht der eigentümliche, süße Duft seiner Blütendolden mit dem Wind in regelrechten Duftschwaden über die Felder an den Waldrändern der älteren Kulturlandschaften Europas. Die Blüten enthalten neben Sambunigrin, Zuckerstoffen und zahlreichen ätherischen

Ölen noch verschiedene andere Inhaltsstoffe, darunter solche, die eine zusammenziehende (adstringierende) sowie entfleckende Wirkung haben (Gerbstoffe), außerdem Fettstoffverbindungen wie Cholin und Harz, aber auch viele Säuren wie beispielsweise Mandel-, Apfel-, Baldrian- und Weinsäure.

Holunderblütentee wirkt gegen Erkältungskrankheiten.

Eine Vielzahl heilender Wirkungen

Diese Inhaltsstoffe machen die Holunderblüten zu ausgezeichneten Hausmitteln und Kosmetika, wenn sie richtig destilliert, verdampft und aufbereitet werden. Unsere Großmütter hielten ihre Gesichtshaut mit Holunderblütenwasser licht und fleckenfrei.

Die Blüten des Holunders nennt der Apotheker „Flores Sambuci". Sie sind getrocknet als heilender Tee bei fiebrigen Erkältungskrankheiten von großer Bedeutung, denn sie fördern das Schwitzen. Dadurch erhält der gesamte Organismus die Möglichkeit, alle seine Abwehrkräfte neu aufzurüsten. Damit wird die Krankheit schneller überwunden; und der Körper hat dazugelernt und wird bei den nächsten Attacken widerstandsfähiger sein. Zugleich bewirken die Holunderblüten eine kräftige Blutreinigung und sollten deshalb in entsprechenden Teemischungen nicht fehlen.

Mehr über das Holunderwasser erfahren Sie im Kapitel „Naturkosmetik-Rezepte mit Holunderbestandteilen" auf Seite 36.

Die Grundwirkung der Holunderblüten geht dahin, Entzündungen zu hemmen. So beruhigen sie entzündlichen Schnupfen mit Belastung der Nasennebenhöhlen und lindern akute rheumatische Schübe mit Schmerzen und Schwellungen in Muskeln und Gelenken. Bei Harnsäureüberschuss (Gicht) wirken sie ausleitend. Sie treiben die Harnsäure aus den Geweben, entwässern sie über Nieren und Blase und leiten sie so aus dem Körper aus.

Die Säuren und ätherischen Öle verleihen den Blüten ihren eigentümlichen Duft. Holunderblütenduft ist „Geschmackssache“: Auf einige Menschen wirkt er sehr attraktiv, für andere kann er abstoßend sein.

Besonders berühmt ist die Wirkung des Holunderblütentees in allen Fällen von bronchialen Belastungen und bei Erkrankungen der Lungen. Sie wirken schleimlösend bei Asthma bronchiale sowie bei Reizhusten, vor allem in der Nacht.

Darüber hinaus wurde Holunderblütentee erfolgreich bei allen möglichen plötzlich ausbrechenden fiebrigen Infektionskrankheiten eingesetzt, insbesondere bei Scharlach und Masern.

Holunderblüten-Rezepte aus Großmutters Hausapotheke

Holunderblütentee wird meist als Aufguss bereitet: 2 TL werden mit $^1/_4$ l kochendem Wasser übergossen und 15 Minuten stehen gelassen, danach abgeseiht und sofort getrunken.

Soll der Blütentee zum Schwitzen antreiben, so kann man diese Wirkung noch verstärken, wenn ungefähr 20 Minuten vorher ein heißes Fußbad genommen wird. Gleich danach zu Bett gehen und im Bett schluckweise rasch hintereinander 2 Tassen von dem frisch zubereiteten heißen Tee zu sich nehmen!

Holunderblütentee reinigt das Blut und stärkt die Abwehrkräfte, dabei ist er aber auch zugleich herzschonend. Er eignet sich auch sehr gut als Vorbeugungsmaßnahme gegen Grippe und Erkältungskrankheiten.

Kräuterpfarrer Weidinger rät, den Blütentees zur intensiven Wirkung gegen alle möglichen Beschwerden (von Husten bis hin zu Kopf- und Nervenschmerzen) noch einen Schuss Holunderbeersaft beizugeben und das Ganze mit reichlich Honig abzuschmecken.

Haferschleim mit Holunderblüten bei fieberhaften Erkältungskrankheiten

Ein altes englisches Hausmittel bei fieberhaften Erkältungskrankheiten ist klassischer Haferschleim mit Holunderblüten: 3 EL Haferflocken werden mit der gleichen Menge frischer oder getrockneter Holunderblüten $^1/_4$ l kaltem Wasser zugesetzt, unter Rühren aufgekocht und unter weiterem Rühren gut 10 Minuten weiter am Köcheln gehalten. Der Porridge wird nach leichtem Abkühlen mit 1 TL Honig versetzt und löffelweise verzehrt.

Kräuterpfarrer Weidinger empfiehlt bei Schüttelfrost, einer Tasse Holunderblütentee-Ansatz 1 TL getrocknete, zerdrückte Holunderbeeren beizufügen und beides nach 15 Minuten abzuseihen und zu trinken.

Holunderblütentee bei Lungenentzündung

Ein Aufguss von getrockneten Holunderblüten soll bei Lungenentzündung den Schleim lösen, zu vermehrtem Auswurf anregen und so wieder freies Durchatmen ermöglichen. Zugleich gilt er als ein sanftes Abführmittel.

Extra-Tipp: Holunderblüten-Pfefferminz-Aufguss gegen Grippe

Bei beginnender echter Influenza-Grippe – mit Kopf- und Gliederschmerzen – gilt ein starker Aufguss aus getrockneten Holunderblüten zusammen mit Pfefferminze als unfehlbar gut wirkendes Hausmittel. Jeweils eine Hand voll Holunderblüten und Pfefferminze in einer Kanne mit einem guten $^3/_4$ l kochendem Wasser übergießen und eine halbe Stunde auf dem Herd ziehen lassen. Dann abseihen, mit Honig süßen und im Bett so heiß wie möglich trinken. Auf starkes Schwitzen und einen erfrischenden Schlaf wird der Kranke in erheblich besserem Zustand wieder erwachen und auf dem Wege der Besserung sein. Auf diese Weise ist es möglich, Grippe und grippale Infekte oder Erkältungen innerhalb von anderthalb Tagen auszukurieren.

Meerrettichsirup mit Holunderblüten bei Husten aller Art

Die Zutaten für dieses Rezept erhält man in der Apotheke. Frische Meerrettichwurzeln sind auf dem Wochenmarkt zu bekommen.

Die Zutaten für dieses alte Hausmittel gegen Husten sind: 5 g Lindenblüten, 5 g Wollblumen *(Verbascum)*, 10 g Holunderblüten, 10 g Spitzwegerichblätter, 10 g Tausendgüldenkraut, 250 g frische Meerrettichwurzeln, 1 l Weißwein. Der frisch geraspelte Meerrettich wird mit allen anderen Zutaten vermischt. Man lässt alles zwei Tage im Weißwein ziehen. Danach durch ein Tuch pressen und den so erzeugten Saft zu gleichen Teilen mit Zucker versetzen, aufkochen und einige Minuten lang weiterkochen lassen. Noch heiß in Flaschen abfüllen. Bei Husten 3–4mal täglich 1 Likörglas dieses Saftes trinken.

Holunderblütentee und Holunderessig bei Halsschmerzen und Rachenentzündungen

Sehr empfehlenswert ist es, bei Erkältungskrankheiten und Halsschmerzen sowie Rachenproblemen einen sehr heißen Tee-Aufguss von getrockneten Holunderblüten kurz vor dem Zubettgehen schluckweise zu sich zu nehmen. Holunderessig, aus den Blüten hergestellt, gilt als altes Hausmittel bei Halsweh.

Herstellung von Holunderessig: 1 frische Dolde Holunderblüten mit $^1/_4$ l heißem Weißweinessig übergießen, der zuvor kurz zum Sieden gebracht wurde. Alles 15 Minuten ziehen lassen, dann durch ein Leinentuch filtern (Blüten im Tuch gut auspressen!). Mit 1 TL Honig verrühren und über den Tag verteilt schluckweise einnehmen.

Holunderblütentee und Holunderwasser gegen Augenentzündungen

Kalter Holunderblütentee ist ein gutes Heilmittel für Augenentzündungen aller Art. Bei Augenschwäche und müden Augen soll man nach Kräuterpfarrer Weidinger (3 Wochen lang, danach 1 Woche Pause, danach nochmals 3 Wochen lang) folgende Teemischung als Aufguss ($1^1/_2$ TL Kräuter pro Tasse, heiß übergossen, 15 Minuten gezogen) zubereiten und als Kompresse oder Augenbad anwenden: 10 g Augentrost, 10 g Baldrianwurzel, 7,5 g Eisenkraut, 5 g Holunderblüten, 7,5 g Kamillenblüten (alles getrocknet in der Apotheke mischen lassen).

Holunderblüten zur Blutreinigung

Ebenso gilt Holunderblütentee aus den frischen Blüten im Frühsommer (täglich morgens vor dem Frühstück eingenommen) als ausgezeichnetes Blutreinigungsmittel.

Holunderblüten-Umschläge gegen Muskel- und Gelenkschmerzen und Entzündungen (Hämorrhoiden)

Äußerlich verwendet man Holunderblütenaufgüsse für warme Umschläge. Sie lindern Schmerzen und Entzündungszustände. Auch können sie mit ihren stark zusammenziehenden Gerbstoffen bei Hämorrhoiden – als lauwarme Umschläge äußerlich aufgebracht – ausgezeichnete Wirkung tun.

Holunderblüten-Salbe bei offenen Wunden, Verbrennungen und Verbrühungen

Diese Salbe – in der Apotheke unter dem lateinischen Namen „Unguentum Sambuci" erhältlich – diente im Krieg auch als Wundsalbe für verletzte Pferde. Sie ist aber ebenso brauchbar für den Menschen, unter anderem auch als altes Heilmittel gegen rissige Hände und Frostbeulen.

Von altbekannter Heilwirkung bei offenen Wunden, Verbrennungen und Verbrühungen ist eine Salbe mit Holunderblütenzusatz, als deren Grundlage warmes Schweineschmalz dient. Holunderblüten und Schweineschmalz werden zu gleichen Teilen miteinander vermengt und so lange erhitzt, bis die Blüten starr werden. Dann presst man alles durch ein Leinentuch und lässt es abkühlen.

Extra-Tipp: Lotion für äußerliche Anwendung bei Hautausschlägen aller Art

Etwa 2,7 g Holunderblüten in $^1/_4$ l kochendes Wasser geben, den Aufguss 1 Stunde ziehen lassen, dann abseihen. Die Lösung kann in einer Leinenauflage auf Geschwüre und sonstige Hautaffektionen aufgelegt werden. Das kann auch sehr wirkungsvoll gegen Kopfschmerzen sein.

Holunderblüten-Limonade gegen Nebenhöhlenentzündungen und Erkältungen

7–8 Dolden Holunderblüten, 8 l Wasser, 3 Zitronen mit Schale (in dünne Scheiben geschnitten), 1 l Birnendicksaft, 40 g Weinsteinsäure und 1 kleines Glas Essig vermischen und in einem irdenen Krug 8–10 Tage an einen sonnigen Platz stellen. Die Mischung jeden Tag gut umrühren. Zuletzt wird das Ganze durch ein Mull- oder Leinentuch filtriert, in Flaschen abgefüllt und im Keller gelagert.

Von dieser Limonade trinkt man über den Tag verteilt 4–5 kleine Gläser. Weinsteinsäure (Weinsäure) ist in Apotheken erhältlich.

Holunderbeeren für die Gesundheit

Getrocknete, reife Beeren werden zur Weiterverarbeitung in der Industrie unter der Bezeichung „Fructus Sambuci nigrae" aus Polen und Südosteuropa eingeführt. Ihre natürlichen Farbstoffe dienen zum Färben von Weinen und sauren sowie schwach sauren Nahrungsmitteln wie zum Beispiel Fruchtjoghurts und Fertigsuppen. Ihre Aromastoffe verhelfen Produkten der Nahrungsmittelindustrie zu geschmacklicher Abrundung. Außerdem werden sie zu Holunderbeerwein, Branntwein und Holunderbeerlikör weiterverarbeitet.

Holunderpresssäfte müssen vor dem Abfiltern erhitzt werden, um die giftigen Bestandteile unwirksam zu machen. Dieser so genannte Muttersaft sollte dann verdünnt oder als Mischung mit anderen Säften getrunken werden. Besonders gut sind Mischsäfte aus roter Johannisbeere und Holunderbeere. Bei etwas minderwertigeren dunklen Kirsch-, Brombeer und schwarzen Johannisbeersäften darf zu ungefähr 20 Prozent Holundersaft beigemischt sein.

Zur Saftherstellung sollen die Beerendolden von gleicher Reife sein. Wegen des giftigen Sambunigrins müssen alle unreifen Beeren entfernt werden, ebenso die Stiele und Stängel der Dolden. Damit wird auch ein vollerer und süßerer Geschmack des Holundersaftes erreicht.

Inhaltsstoffe und Gesundheitswirkung der Holunderbeeren

Holunderbeeren schmecken süßlich und zugleich sauer. Neben einer Reihe so genannter „ätherischer Öle" (das sind flüchtige Aromastoffe – 19 bis 27 verschiedene Verbindungen wurden in den Lebensmittellabors aus unterschiedlichen Beerensäften identifiziert) enthalten Holunderbeeren überwiegend Zitronensäure und nur wenig Apfelsäure. Ihre Zucker bestehen aus Glukose (Milchzucker) und Fruktose (Fruchtzucker). Unreife Beeren, Stiele und Blätter enthalten den giftigen Inhaltsstoff Sambunigrin. Reste dieses Stoffes auch in reifen Beeren können bei empfindlichen Menschen zum Erbrechen führen.

Vorsicht vor unreifen Holunderbeeren! Sie enthalten einen giftigen Stoff, das Sambunigrin.

Holunderbeeren sind besonders reich an Vitamin C. So enthalten 100 g Holunder-Muttersaft 26 mg Vitamin C. Im Vergleich dazu stecken in 100 g Apfelsaft nur etwa 1,4 mg Vitamin C. Den im Beerensaft enthaltenen B-Vitaminen (B_1, B_2, B_6) verdanken wir seine Wirksamkeit bei Nervenentzündungen (Neuralgien). Außerdem halten die B-Vitamine Mücken auf Abstand. Darüber hinaus enthalten Holunderbeeren die für eine gesunde Blutbildung wichtige Folsäure (17 µg pro 100 g), das für gesunde Haut, Nägel und Haare entscheidende Biotin (1,8 µg pro 100 g) und viel Betakarotin (60 µg pro 100 g).

Reife, frische Holunderbeeren enthalten neben den pflanzenspezifischen ätherischen Ölen und Säuren das für die Knochenbildung unentbehrliche Kalzium, außerdem das herzstärkende Kalium und die für Hormonhaushalt und Nervenstoffwechsel wichtige Aminosäure Tyrosin.

Holunderbeeren enthalten auch sehr viele Mineralstoffe. Besonders hoch ist der Anteil an basischem Kalium mit rund 300 mg auf 100 g und an Phosphor mit 57 mg auf 100 g. Wichtig ist auch der relativ hohe Eisengehalt der Beeren: 1,6 mg auf 100 g. Auch das für den Erhalt gesunder Knochen wichtige Kalzium fehlt nicht – 37 mg pro 100 g.

Nicht zu unterschätzen sind die Wirkungen der dunkelroten bis blauschwarz-violetten Farbstoffe – der Anthozyane. Sie binden und neutralisieren die durch Umweltschadstoffe, chronischen Stress und körperliche Anstrengungen wie z. B. Leistungssport verstärkt in unserem Blut zirkulierenden Sauerstoff-Abfallprodukte, die so genannten freien Radikale. Die Anthozyane des Holunders schützen somit unsere Organe vor Zellschädigung und verhelfen uns zu dauerhafter Gesundheit.

Einwandfrei hergestellter Holunderbeer-Muttersaft aus dem Reformhaus eignet sich sehr gut für Diabetiker, da er kaum Saccharose (Zucker) enthält.

Die Gesundheitswirkung von Holunderbeeren liegt ähnlich wie bei den Blüten vor allem darin, bei fieberhaften Erkältungskrankheiten die gesundheitsförderliche Schweißbildung anzuregen, allerdings in schwächerem Maße als beim Tee aus Blüten und Blättern.

Holunderbeeren-Rezepte aus Großmutters Hausapotheke

Presssäfte und Extrakte aus Holunderbeeren sowie Tees mit getrockneten Holunderbeeren wirken stark entwässernd und verdauungsfördernd. In gezielter Dosierung können sie auch den Brechreiz anregen, was bei etlichen Krankheitsverläufen eine stark heilende – da Gift ausleitende – Wirkung haben kann.

Holunderbeersaft gilt als hervorragendes Blutbildungsmittel. Er fördert die Immunabwehr und hilft unterstützend bei allen möglichen Infekten. Bei langwierigen und schmerzhaften Neuralgien rät Kräuterpfarrer Weidinger, über eine längere Zeit zweimal täglich $^1/_8$ l unverdünnten Holundersaft zu sich zu nehmen.

Holunderbeeren sollten zu Hause am einfachsten im Dampfentsafter entsaftet werden. Denn durch die Hitzeentwicklung über dem Dampf werden die Giftstoffe in

den rohen Beeren entfernt. Der fertige Saft kann mit Rohrzucker oder Honig versetzt und nochmals kurz aufgekocht werden, bevor er in Flaschen abgefüllt wird, oder man kann ihn ganz ungesüßt lassen. Die heiß vorgespülten Flaschen bis zum Rand füllen und mit einem Schraubdeckel oder einer Gummikappe fest verschließen. Dieser Saft kann sehr gut mit Wasser verdünnt getrunken werden.

Unverdünnter Holunderbeer-Presssaft wurde in früheren Zeiten auch als Mittel gegen Verstopfung und sogar gegen Syphilis verordnet und eingenommen. Man schrieb ihm zu, alle Ausscheidungen anzuregen und auf natürliche Weise Gifte aller Art aus dem Körper auszuleiten.

Allround-Heilmittel Holunderbeerwein

Holunderbeerwein als Gesundheitswein genießt traditionell einen hervorragenden Ruf als Heilmittel. Abends vor dem Zubettgehen heiß getrunken, fördert er in frühen Stadien von Katarrh, bei Schüttelfrost und Halsschmerzen den guten Heilschlaf während der Nacht.

Holunderbeerwein – eventuell unter Zugabe von etwas Zimt, einem „natürlichen Antibiotikum“ – gilt in der Volksmedizin ebenso wie Holunderblütentee als eines der besten Heil- und Vorsorgemittel sowohl gegen echte Influenza-Grippe und grippale Infekte aller Art als auch gegen Asthma. Und die moderne Forschung hat, wie schon oben dargelegt, hierfür die wissenschaftliche Bestätigung gefunden.

Holunderbeeren enthalten sehr viele wichtige Vitamine und Mineralstoffe.

So stellt man den Gesundheitswein her

Nehmen Sie auf jeweils 500 g Holunderbeeren 2 l Wasser. Kochen Sie die Masse eine halbe Stunde, lassen Sie die Flüssigkeit ablaufen und passieren Sie die Früchte durch ein Haarsieb. Dann fügen Sie auf jeden Liter Saft 375 g groben Rohrzucker zu und lassen das Ganze unter Zugabe von ein paar Pfefferkörnern, Ingwer und einigen

In früheren Zeiten wurde Holunderbeerwein auch gegen rheumatische Beschwerden und Wundrose eingenommen.

Auf 4 kg Holunderbeeren rechnet man an Menge für Weinhefe 10 ml Portwein-Hefe-rasse, die man in der Apotheke kauft.

wenigen Gewürznelken eine weitere Viertelstunde kochen. Gießen Sie dann alles in einen Kübel und – sobald der Saft ausreichend abgekühlt ist – in ein Fass und fügen Sie Weinhefe zum Vergären hinzu. Das Fass muss an einen warmen Platz gestellt werden.

Wenn der Wein aufgehört hat zu zischen, fügen Sie auf 36 l Holunderwein 1 l Branntwein hinzu und beenden Sie den Vorgang. Der Wein muss etwa 2 Monate ruhen, bevor man ihn in Flaschen abfüllt.

Noch ein Rezept für Holunderwein

Dieses Rezept stammt von einer englischen Hausfrau und wurde in einem englischen Ratgeber für Hausmittel veröffentlicht.

Wenn Sie 9 l Wein herstellen möchten, nehmen Sie $2^1/_4$ kg Holunderbeeren und 500 g blaue Pflaumen oder Schlehen. Kochen Sie alles eine halbe Stunde in 6 l Wasser und zerquetschen Sie dabei die Früchte mit einem Kochlöffel oder einem großen Spatel. Lassen Sie dann die Flüssigkeit in einen Topf ablaufen und passieren Sie das Mus durch ein Sieb oder durch ein Leinentuch.

Danach kochen Sie die gesamte Flüssigkeit zusammen mit knapp 3 kg grobem Zucker, 50 g frischem Ingwer, 50 g zerquetschtem Piment und 25 g Hopfensamen erneut auf. Die Gewürze sollten dabei locker in ein Stück Musselin eingebunden werden. Nach einer Kochzeit von einer halben Stunde kann der Sud abgegossen werden.

Das Säckchen mit den Gewürzen soll durch das Spundloch ins Fass gegeben werden, aber es muss mit einer Schnur von außen befestigt sein, damit es nicht den Fassboden berührt.

Wenn er abgekühlt ist, rühren Sie 1 Teetasse Weinhefe ein und decken Sie den Ansatz zum Gären ab. Nach zwei Tagen können Sie die Hefe abschöpfen und den Wein in ein Fass schütten. Ungefähr 14 Tage später wird er aufhören zu zischen und zu gären. Dann kleben Sie ein steifes braunes Papier über das Spundloch des Weinfasses. Innerhalb von weiteren 8 Wochen ist der Holunderwein gebrauchsfertig und hält bis zu 8 Jahre.

Das dritte Rezept für Holunderbeerwein

Streifen Sie die sehr gut reifen Holunderbeeren in einen Topf und gießen Sie auf $6^1/_2$ kg Beeren 9 l kochend heißes Wasser. Decken Sie alles zu und stellen Sie das Gefäß für 24 Stunden an einen warmen Platz. Danach sieben Sie alles ab, indem Sie den Saft sehr gut auspressen. Messen Sie die restliche Gesamtmenge und nehmen Sie auf jeweils $4^1/_2$ l Saft knapp $1^1/_2$ kg Zucker, 14 g frischen Ingwer und 7 g Gewürznelken. Kochen Sie danach alles langsam 20 Minuten lang durch und gießen Sie es dann in ein Fass. Wenn der Sud lauwarm abgekühlt ist, fügen Sie Weinhefe zu. Lassen Sie das Ganze stehen, bis es aufgehört hat zu gären, und verschließen Sie dann das Spundloch. Nach sechs Monaten kann der Holunderwein in Flaschen abgefüllt werden.

Für 6 $^1/_2$ kg brauchen Sie 16 ml Portwein-Heferasse aus der Apotheke.

Hier noch eine Version für einen etwas schwächeren Wein: Schütten Sie 18 l kochendes Wasser auf $13^1/_2$ l Beeren und lassen Sie das Ganze zwei Tage stehen, bevor Sie es absieben.

Wenn man kein Fass besitzt, können auch große Steingutkrüge benutzt werden. Dann braucht der Wein nicht auf Flaschen aufgezogen zu werden.

Holunderbeer-Dicksaft – ein Gesundheitselixier

Holunderbeer-Dicksaft (aus Holunderbeeren und Zucker durch längeres leichtes und eindickendes Kochen gewonnen) ist ebenso wie der Beerenwein ein ganz hervorragendes Haus- und Stärkungsmittel bei Erkältungskrankheiten und Husten. Die pflanzenspezifische Säure des Holunders (Viburnumsäure) wirkt stark durchatmungsfördernd. Deshalb ist Holunderbeer-Dicksaft, der diese atmungsfördernde Substanz in sehr konzentrierter Form enthält, auch ein hervorragendes Heilmittel bei Bronchitis und sonstigen Atemwegserkrankungen.

In alten pharmazeutischen Schriften wird Holunder-Dicksaft als kraftvolles Lösungsmittel für sämtliche natürlichen Ausscheidungen (sei es Stuhl, Urin oder Schweiß) bezeichnet. In heißem Wasser gelöst, gilt er als Standardmittel bei Erkältungen aller Art. In Alt-England pflegte man diesen Dicksaft auch in Fleischbrühe aufgelöst zu sich zu nehmen. In Deutschland verwendete man ihn als Zutat in verschiedenen Suppen.

Extra-Tipp: Rezept für Holunderbeer-Dicksaft

Circa $2^1/_4$ kg zerquetschte, reife Holunderbeeren ohne Stiele zusammen mit knapp 500 g Gelierzucker langsam auf kleiner Flamme köchelnd eindicken, bis nach dem Verdampfen der wässrigen Anteile die Konsistenz von Honig erreicht ist. Der Dicksaft kann in heiß durchgespülten Flaschen abgefüllt und über den Winter gelagert werden. In gut sortierten Naturkostläden und Reformhäusern gibt es Holunderbeer-Dicksaft auch fertig zu kaufen. Bei Bedarf sollte man abends vor dem Zubettgehen jeweils 1 oder 2 TL voll Dicksaft mit 1 kleinen Glas heißem Wasser vermischen und schluckweise zu sich nehmen. Damit fördert man die nächtliche Durchatmung und entlastet Brustkorb und Lungen.

Holunderbeersirup gegen Husten und Erkältungen

Holundersirup als Hustenmittel:

1 kg Beeren mit wenig Wasser zugedeckt aufkochen, ca. eine Stunde stehen lassen. Abpressen, durch ein Haarsieb streichen, $^1/_2$ l Birnendicksaft und 2 EL Zitronensaft zufügen. Alles 5–8 Minuten kochen, bis der Dicksaft ganz aufgelöst ist. Heiß in Gefäße geben und gut verschließen.

Der Holunderbeersirup wird wie normaler Hustensirup 3- bis 4-mal täglich oder bei Hustenreiz eingenommen.

Holundersirup als Mittel gegen Erkältungen:

Gut ausgereifte Holunderbeeren werden von den Stielen gestreift und mit etwas Wasser in einem Topf oder einer Pfanne gedämpft. Danach werden sie durch ein Sieb gestrichen und mit ca. 15 g ganzem frischem oder getrocknetem Ingwer und 18 Gewürznelken auf jeweils gut $4^1/_2$ l Holunderbeeren-Mus erneut angesetzt und mit etwas Wasser eine ganze Stunde auf leichter Flamme köchelnd gedämpft. Danach wiederum durch ein Sieb passieren und in Flaschen abfüllen.

Dieser Sirup ist ein besonders gutes Hausmittel gegen Erkältungen. Man fügt auf ca. $^1/_8$ l Sirup ungefähr 1 Weinglas voll heißes Wasser und – falls gewünscht – Zucker oder Honig hinzu. Schluckweise einnehmen!

Holunderbeer-Dicksaft und Holunderbeersirup sind als alte Apothekenhausmittel in England und Holland über Jahrhunderte nicht wegzudenken gewesen. Alte Londoner Apotheken pflegten an die sieben verschiedene Dicksäfte bereitzuhalten, denen meist auch Zucker beigemischt war. Darunter befand sich auch immer Holunderbeer-Dicksaft.

Holundermus

Reife Holunderbeeren werden nach Entfernung sämtlicher Stielteile mit wenig Wasser auf mittlerer Flamme zerdämpft, dann etwas gepresst und mit Honig abgeschmeckt.

Dieses Mus gilt als blutreinigendes und Blut bildendes Mittel und ist auch bei Erkältungen sehr zu empfehlen. Wenn man zu viel davon isst, kann es allerdings abführend wirken.

Extra-Tipp zum Neuentdecken: Das Ischias-Rezept des Grafen von Monmouth

(aus der altenglischen Pharmazie)
Reife Hagebutten und Fenchelwurzeln, zu gleichen Teilen zermörsert, in Weißwein destilliert und durchpassiert, werden zusammen mit Holundersirup eingenommen.

Alle Holundersäfte und Holundermus sollten grundsätzlich abgekocht, zumindest kurzzeitig erhitzt werden, um das in den Beeren enthaltene giftige Sambunigrin unschädlich zu machen!

Tee aus getrockneten Holunderbeeren gegen Magen-Darm-Krämpfe

Tee aus getrockneten Holunderbeeren wurde früher sogar bei Epilepsie eingesetzt.

Tee aus getrockneten Holunderbeeren gilt als ein ausgezeichnetes Heilmittel gegen Magen-Darm-Krämpfe und Koliken und ein gutes natürliches Durchfallmittel.

Hämorrhoidensalbe aus grünen Holunderbeeren

Eine Fettsalbe aus grünen (unreifen) Holunderbeeren gilt wegen ihrer stark zusammenziehenden Wirkung (aufgrund des hohen Gerbstoffanteils) als wirkungsvolles Heilmittel bei Hämorrhoiden. Die Salbe wird genauso hergestellt wie Holunderblütensalbe (S. 22): Holunderbeeren und Schweineschmalz zu gleichen Teilen miteinander vermengen und erhitzen, dann mit Druck durch ein Leinentuch pressen und abkühlen lassen.

Extra-Tipp: Gichtkompresse aus getrockneten Holunderbeeren

Getrocknete Holunderbeeren haben eine sehr stark entwässernde, entzündungshemmende und schmerzlindernde Wirkung. Sie werden daher als äußerliche Anwendung erfolgreich bei angeschwollenen, stechend schmerzenden Gichtzehen und entzündlichen Schwellungen der Gelenke eingesetzt. In Weinessig zermörserte getrocknete Holunderbeeren auf kalte oder lauwarme, feuchte Kompressen auftragen, mit Frotteetüchern abdecken und über Nacht einwirken lassen.

Fettreduktion mit getrockneten Holunderbeeren in Wein

Getrocknete Holunderbeeren werden auch erfolgreich bei verschiedenen Formen der Wassersucht und zur Fettreduktion angewandt. Zu diesem Zweck sollen sie eine längere Zeit über jeden Morgen eingenommen werden, und zwar (nach einem altenglischen Rezept) 1,77 g Holunderbeeren zusammen mit einem kleinen Likörglas Wein.

Auch beim Abspecken können Holunderbeeren helfen.

Darmpflege mit getrockneten Holunderbeeren

Getrocknete Holunderbeeren sind reich an verschiedenen Fruchtsäuren und Vitaminen. Wenn man bis zu dreimal täglich 10 Beeren kaut, tut man seinem Darm nur Gutes!

Fruchtsäuren reinigen den Darm und regen die Darmperistaltik an.

Holunderrinde, Holundermark und Holunderwurzel als Heilmittel

Holunderwurzel, -rinde und -mark werden von alters her in der Volksmedizin für Tees, Auflagen und Packungen verwendet. Sie lindern krampfhafte Kopfschmerzen und Migräneanfälle im Anfangsstadium und beseitigen Schwellungen und Wassereinlagerungen im Gewebe.

Diese Wirkung ist zum einen auf die schwach konzentrierten Blausäuresalze (Zyanide) zurückzuführen. Diese wirken schwach dosiert entkrampfend, wo sie in giftiger Dosis lähmen würden. Daher können sie sich auf die verkrampften Kopfgefäße positiv auswirken.

Weitere wichtige Inhaltsstoffe sind die in den Rinden und auch in der Wurzel enthaltenen Gerbstoffe und Tannine. Mit ihren zusammenziehenden (adstringierenden) Eigenschaften wirken sie sowohl innerlich als auch äußerlich entwässernd. Sie leiten Gifte und Schlacken aus ihren Depots in den Geweben über die Lymphbahnen zur Entgiftung in die Nieren und von dort zur Blase und aus dem Körper. Wichtig ist, die genaue Art der Zubereitung zu kennen – die richtige Dosierung für den jeweiligen Zweck. Denn diese Holunderwirkstoffe können je nach Dosierung der Blausäuresalze und Gerbstoffe sowohl abführend als auch Brechreiz erregend, sowohl schmerzlindernd als auch entwässernd wirken.

Wegen der in ihnen enthaltenen Giftstoffe eignen Holunderrinde, -mark und -wurzel sich nicht für die Selbstbehandlung (mit Ausnahme der äußerlichen Anwendungen). Man sollte lieber auf Fertigpräparate aus der Apotheke zurückgreifen und sie nicht ohne Rat eines Arztes oder Heilpraktikers einnehmen.

Da diese Stoffe in stärkerer Dosierung Gifte sind, empfiehlt sich die Selbstbehandlung nur bei den äußerlichen Anwendungen. Für die Herstellung innerlich wirkender Medizin – aber auch für Teezubereitungen – aus Rinde, Mark und Wurzel des Holunders sollte man sich auf pflanzenheilkundliche und homöopathische Fertigpräparate aus der Apotheke verlassen und am besten ein Rezept von einem naturheilkundlich erfahrenen Mediziner (Heilpraktiker oder Arzt) einholen.

Der Begründer der Anthroposophie und der Waldorfschul-Bewegung, Rudolf Steiner, hat in seinen medizinischen und pflanzenheilkundlichen Vorlesungen auf die Bedeutung des weißen, porösen Holundermarks aus den jungen Zweigen hingewiesen. Er verordnete bei Schlaf- und Konzentrationsstörungen Teeaufgüsse der Blüten zusammen mit Holundermark. Dabei bedeutete für ihn das Mark das Element des Luftigen als positive Ergänzung zum Element des Flüssigen bei der Blütenwirkung (Schwitzen). Nach Steiner gelten homöopathische Verdünnungen der Kombination von Holunderblüten und Holundermark als harmonisierendes Mittel bei gestörten biologischen Rhythmen.

Holunderrinde, Holundermark und Holunderwurzel in Großmutters Hausapotheke

Rezept für äußerliche Anwendungen aus der Holunderrinde

Die Rinde soll von Trieben und Zweigen stammen und keine Oberhaut mehr aufweisen. Sie wird abgekocht, und zwar 25 g in 125 ml Wasser für Auflagen und Umschläge bei Gicht und Rheuma. Gut zerkleinerte und zermörserte grüne Rinde wird direkt auf Brandwunden gelegt und jede Stunde ausgewechselt!

Extra-Tipp: Abschwellende Holunderpackung für Wassereinlagerungen unter der Haut

Sowohl bei der Rinde als auch beim Mark ist es sehr wichtig zu wissen, dass nur junge, noch grüne Holunderzweige in Rinde und Mark die starken Gerbstoffe und Harze enthalten, die beim Eindringen in die Haut über eine Packung Wassereinlagerungen in den Geweben unter der Haut zum Abfließen über die Lymphkanäle bewegen können. Dies gilt es beim Sammeln zu beachten. Die Holunderrinde muss stark zerkleinert, zusammen mit dem Mark zermörsert, mit etwas warmem Wasser übergossen und dann als weicher Brei auf die betroffenen Körperstellen aufgebracht und mit einem Leinentuch abgedeckt werden.

Anleitungen für das richtige Sammeln von Holunderrinde, -mark und -wurzeln finden Sie auf Seite 90.

Naturkosmetik-Rezepte mit Holunderbestandteilen

Ihre blütenweiße, zarte Haut verdankten die Frauen im 19. Jahrhundert dem Holunderwasser.

Seit vielen Generationen ist sowohl in England als auch in Frankreich ein besonderes Destillat aus den Holunderblüten berühmt für seine verschönernde und zugleich lindernde Wirkung auf die Augen und die zarte Gesichtshaut der Damen: Holunderwasser. Im viktorianischen England und noch lange danach gehörte das Holunderwasser auf den Toilettentisch jeder gepflegten Dame. Es wurde im Sommer mit ins Seebad genommen und ungefähr so verwendet wie heute das Teebaumöl: Die hautschädigende Wirkung des Salzwassers, Sonnenbrand und Mückenstiche konnten mit seiner Hilfe gebannt sowie kleine Alltagspickel zum schnellen Verschwinden gebracht werden.

In der offiziellen Zubereitung des britischen Arzneimittelbuches heißt Holunderwasser mit dem lateinischen pharmazeutischen Fachausdruck „Aqua Sambuci". Es muss exakt nach Arzneimittelvorschrift zubereitet sein, nämlich 500 Teile Wasser auf 100 Teile Holunderblüten. Falls die Blüten nicht frisch erhältlich sind, müssen sie in Kochsalz eingelegt und somit keimfrei konserviert sein.

Die Engländer nennen die Augen- und Gesichtslotion aus Holunderblüten „elderwater". Denn der Holunder heißt auf Englisch „elder" nach einem altenglischen Wort für Feuer: Mit seinen Zweigen und Blättern pflegte man das Herdfeuer anzufachen.

Unmittelbar nach der Zubereitung hat das „Aqua Sambuci" noch keinen besonderen Duft, aber nach einiger Zeit entfaltet es sein wunderbares Aroma. Erst dann kann es für medizinische Zwecke benutzt werden. Es wird für bestimmte Medizinmischungen empfohlen, insbesondere für Augen- und Hautlotions, die zur Reizlinderung und zum Abschwellen beitragen sollen.

Aufgrund seiner desinfizierenden, reinigenden und zusammenziehenden Eigenschaften ist das Holunder-

Und so geht es: Hausgemachte Holunderblüten-Lotion für Haut und Nerven

Füllen Sie einen großen Keramiktopf mit frischen Holunderblüten, die mit Druck zusammengepresst wurden. Zuvor alle Stiele sorgfältig entfernen! Gießen Sie dann $^1/_2$ l kochendes Wasser auf die Blüten und fügen Sie nach leichtem Abkühlen ca. 40 g Weingeist zu. Bedecken Sie alles mit einem mehrfach gefalteten Leinentuch und stellen Sie den Topf für mehrere Stunden an einen warmen Platz. Dann lassen Sie alles abkühlen und gießen Sie die Flüssigkeit durch ein Mulltuch ab. In Flaschen abfüllen und sorgfältig verkorken!

wasser auch ein ausgezeichnetes Mittel gegen Akne und Ekzeme. Es ist sehr mild, aber dennoch von nachhaltiger Wirkung.

Holunderwasser – gut für die Augen, gut für die Haut!

Eine zarte Lotion, gefertigt aus Holunderblüten und destilliertem Wasser, auf einen Wattebausch aufgetragen und dann auf die geschlossenen Lider gelegt, bringt müde Augen wieder zum Glänzen, lässt geschwollene Lider abschwellen und belebt. Auch ein Holunderwasser-Augenbad bei geöffneten Augen mithilfe einer kleinen Augenbadewanne gibt den Augen jugendliche Frische und Ungetrübtheit ebenso schnell wieder wie ein langer, erquickender Nachtschlaf.

Man gibt die frischen Holunderblüten in destilliertes Wasser, lässt sie aufkochen und in dem Wasser ziehen. Augenbadewannen sind in Sanitätshäusern und Apotheken erhältlich.

Holunderwasser – aus Holunderblüten und destilliertem Wasser hergestellt – macht die Haut zart und geschmeidig und sorgt für einen makellosen Teint.

Fleckenfreie Haut in jedem Alter

Das Holunderwasser hat darüber hinaus auch eine intensive kosmetische Wirkung. Man kann damit die Haut aufhellen und Sommersprossen und Flecken aller Art sowohl von der Gesichtshaut als auch von den Händen ausgezeichnet entfernen. Im Zeitalter der sommerlichen Damenhüte und Sonnenschirme, als das Schönheitsideal noch nicht in Richtung „Urlaubsbräune“ ging, war das Holunderwasser aufgrund ebendieser besonderen Wirkung sehr gefragt. Angesichts des damaligen Ideals der lichten, klaren und weißhäutigen Damenschönheit galt es schlechthin als „das“ Basiskosmetikum.

Es kann heute wieder eine besondere Bedeutung gewinnen, denn das berühmte „Ozonloch“ beschert unseren sonnenhungrigen Zeitgenossen oft schon nach einem einzigen sonnigen Sommer unschöne Verfärbungen und

Flecken auf der Gesichts- und Körperhaut. Mit Geduld regelmäßig und über einen längeren Zeitraum eingesetztes Holunderwasser schenkt uns nach und nach wieder ein makelloses Hautbild.

Im heutigen Zeitalter der „alten Jungen" könnte das Holunderwasser darüber hinaus als hervorragendes Mittel zur Entfernung von Altersflecken eine neue kosmetisch-medizinische Bedeutung gewinnen – wenn man es wieder entdeckt! Allzu gerne möchten sich heute die gepflegten und sportlichen Rentner und Rentnerinnen jünger präsentieren, als sie sind, und die verräterischen Hautverfärbungen auf dem Gesicht und an Armen und Händen zum Verschwinden bringen.

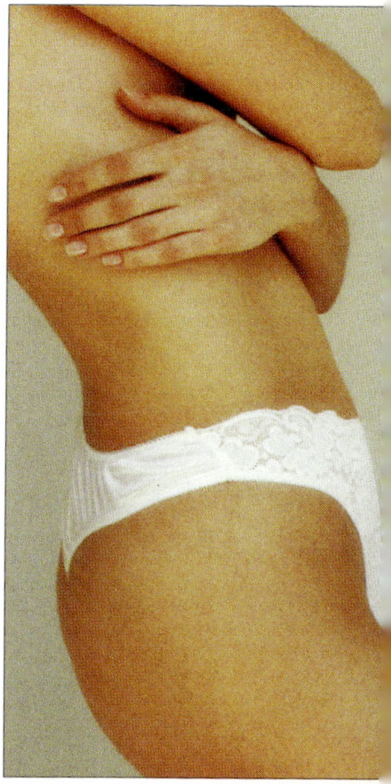

Holunderwasser schenkt reine Haut.

Großmutters Rezept gegen Salzwasser-Hautschäden

Sommerliche Urlaubstage am Meer können Hautschäden durch die Einwirkung des Salzwassers im Gesicht und auf dem Körper hinterlassen, wenn man nicht nach jedem Meeresbad sorgfältig mit Süßwasser abduscht und sich pflegt. Unsere Großmütter pflegten dann Holunderwasser mit Glyzerin und Borax vermischt über Nacht und morgens auf die geschädigten Hautpartien aufzutragen. Sie wussten aus Erfahrung: Das wirkt Wunder und macht die Haut wieder weich und geschmeidig!

Haarfärbe-Rezept für Mutige zum Nachmachen

Um eine haltbare und schöne Schwarzfärbung der Haare zu erreichen, kochten die alten Römer Holunderbeeren in Rotwein aus. Der abgekühlte Extrakt diente als intensives Haarfärbemittel.

Man sollte diese Creme im Kühlschrank aufbewahren und sie niemals mit dem Finger, sondern stets mit einem sauberen Holzspatel aus dem Tiegel entnehmen. Kühl aufbewahrt, hält sie sich etwa zwei Monate.

Feine Gesichtscreme mit Holunderblüten

Erwärmen Sie in einem Topf Schweineschmalz, bis es flüssig geworden ist. Fügen Sie dann eine kleine Tasse kaltes Wasser hinzu und rühren Sie gut um. Danach zugedeckt eine ganze Stunde sieden lassen. Zuletzt abdecken und so lange weitersieden lassen, bis alles Wasser aus der Mischung verdampft ist. Das ist dann der Fall, wenn beim Umrühren kein Dampf mehr entweicht. Für kurze Zeit beiseite stellen und etwas abkühlen lassen, dann das flüssige Fett durch ein Musselin- oder Mulltuch passieren. Holunderblüten zu gleichen Teilen (in Gramm ausgewogen) hinzufügen. Gut verrühren und die gesamte Mischung erneut aufkochen, danach eine gute Stunde leicht köcheln lassen. Anschließend alles erneut durch ein grobmaschiges Tuch streichen. Nach dem Erkalten ist die Salbe gebrauchsfertig.

Holunderwasser – gut für Nerven und seelische Ausgeglichenheit

Holunderwasser kann als Badezusatz verwendet, inhaliert oder auch eingenommen werden (ca. 5 Tropfen auf 1 Stück Zucker).

Aufgrund ihrer besonderen ätherischen Öle wirken die Holunderblüten und ihr wässriger Auszug äußerst beruhigend auf unser Zentralnervensystem. Außerdem enthalten sie Baldriansäure – Baldrian ist ein sehr zuverlässiges Schlaf- und Beruhigungsmittel. Besonders wirksam für das seelische Wohlbefinden sind die ganz frischen Blütensterne. Deshalb unser Rat: Unbedingt die Holunderblüten-Saison für eine „ätherische Nervenkur“

mit Holunderblüten nutzen! Frische Holunderblüten, ins Badewasser gegeben, hellen nämlich nicht nur die Haut auf und machen sie weicher und geschmeidiger, sondern sie stärken auch die Nerven. Man kann sie zu diesem Zweck in einen kleinen Mullbeutel geben. Wenn man so einen Mullbeutel mit Holunderblüten in sein Badewasser taucht, erhält man ein sehr erfrischendes und zugleich nervenstärkendes Bad.

Holunderprodukte und -präparate aus Reformhaus und Naturkostladen

Holunder-Elixiere

Elixiere vom Holunder werden speziell aus den Holunderblüten hergestellt. Sie sollen die Ausscheidungen anregen, Gifte ausleiten und bei Rheuma, Gicht, Arterienverkalkung und Nierensteinen helfen bzw. vorbeugen. Mit besonderen Verfahren – bei den Anthroposophen, den Firmen Weleda und WALA unter besonderer Berücksichtigung der nach kosmischen Gesichtspunkten richtigen Ernte- und Verarbeitungsphasen – werden sie als frische Blüten in Quellwasser angesetzt, an sonnenwarmem, wenn auch schattigem Platz. Die Elixiere enthalten aus Gründen der Geschmacksbindung, aber auch der Haltbarkeit, einen Zusatz von Rohrzucker bzw. Honig.

In der Apotheke bzw. im Reformhaus gibt es von der Firma **Weleda** ein **Holunder-Elixier** und von der Firma WALA ein Holunderblüten-Elixier, das die ganzen Bestandteile der Trugdolden enthält, also auch die Stiele.

Das Holunderblüten-Elixier der Firma WALA enthält die ganzen Bestandteile der Trugdolden mitsamt der Stiele.

WALA-Holunderblüten-Elixier ist in zuckerarmer Zubereitung erhältlich. Es bewirkt bei akuten Erkältungen, Wetterfühligkeit und Katarrhen der Luftwege eine

Sehr gut kann auch die Anwendung des Holunderblüten-Elixiers in warmem Thymiantee sein. Für die warme Jahreszeit empfehlen die Hersteller, das Holunderblüten-Elixier mit Wasser und Zitronensaft vermischt als kühles Erfrischungsgetränk zu sich zu nehmen.

intensive Durchwärmung und ist daher besonders für Herbst- und Winterkuren geeignet. Zur Anwendung wird empfohlen, in der kalten Jahreszeit 1- bis 3-mal täglich 1 EL mit heißem Wasser oder Kräutertee (Thymiantee, bei Bronchitis auch mit Lindenblütentee) vermischt zu trinken, evtl. auch zusammen mit etwas Zitronensaft.

Holunder-Muttersäfte

Holunder-Muttersäfte für die Frühjahrs- und Blutreinigungskur und für die in den Abschnitten zur Holunderbeere und den Hausmitteln angegebenen Indikationen gibt es in ausgezeichneter Qualität von verschiedenen Firmen wie Schoenenberger, Voelkel, Beutelsbacher und Eden im Reformhaus und im Bioladen.

Diese Säfte sind auch immer ganz ohne Zuckerzusatz – im Unterschied zu den „Elixieren".

In der Regel sind diese Säfte „aus kontrolliert ökologischer Wildsammlung" oder sie stammen von besonders fruchtigen, eigens angebauten Holundersorten. Wichtig ist, dass sie zu 100 Prozent Fruchtgehalt haben, dass sie nicht aus rückverdünntem Konzentrat bestehen, sondern „erntefrisch gepresst" wurden.

Muttersäfte vom Holunder können das ganze Jahr über genossen werden: in Schnapsglasmenge ein- oder zweimal am Tag unverdünnt für die gute Blutbildung und zur Steigerung der allgemeinen Abwehrkraft, auch innerhalb der Blutreinigungs-Holunderkur. Oder man kann sie mit Wasser verdünnt als Erfrischungsgetränk mit besonderer Gesundwirkung zu sich nehmen. Aber in der kalten Jahreszeit, leicht aufgewärmt, mit Honig gesüßt und mit Nelke und Zimt (einem „natürlichen Antibiotikum") gewürzt, ergeben die guten Holunder-Muttersäfte optimale Vorbeugungshausmittel gegen die nun von allen Seiten drohenden grippalen Infekte.

Die Schweden pflegen die feuchtkalte Jahreszeit u. a. mit einer Spezialmischung zu überstehen, die gegen Erkältungen feit und zugleich für gute Durchblutung und Gefäßerweiterung sorgt: Holunderblütensirup, mit warmem Wasser verdünnt und mit einem Schuss Wodka zu einem guten Hausmittel erweitert!

Holundersirup

Holunderblütensirup ist in vielen Ausführungen in Apotheken, Reformhäusern und Bioläden erhältlich. Ein sehr aromatischer Holunderblütensirup kommt aus Schweden und ist im Möbelhaus Ikea erhältlich.

Gesundheitstees mit Holunder

Sowohl bei akuten Erkrankungen – und bezüglich der Heilpflanze Holunder werden diese Erkrankungen häufig fiebrig sein und mit Flüssigkeitsverlusten einhergehen – als auch bei lang andauernden chronischen Krankheiten ist eine ausreichende Flüssigkeitszufuhr von entscheidender Bedeutung für den Gesundungsprozess. Daher sollten die Familienangehörigen bei Kindern (insbesondere bei Kleinkindern und auch bei den Hochbetagten) sehr sorgfältig auf die wichtige Flüssigkeitszufuhr über Tees achten. Außer den gezielten Portionen an Heiltee

Medizinal- und Heiltees sollten aufgrund ihrer starken Ausleitungsreize niemals als Dauertees getrunken werden. Als Regel gilt: Nach drei Wochen müssen zwei Wochen Pause eingelegt werden. Je nach Befindlichkeit kann man dann nochmals eine zweite Dreiwochen-Phase für den Medizinaltee ansetzen.

sollte man für zwischendurch ganz helle, also mit wenig Teesubstanz angerichtete Tees vorsehen.

Kohlensäurehaltigen Sprudel sollte man nicht geben. Auch „stilles Wasser“ kann wegen der enthaltenen Mineralien mit homöopathischen Mitteln unverträglich sein! Jederzeit möglich ist „Ayurveda-Wasser“: Dafür nimmt man normales Leitungswasser bzw. gereinigtes Wasser (mit Kohlefilter oder Osmose-Austausch-Membran) und bringt dieses in einem Wasserkocher mehrfach zum Kochen. Es wird dann warm, lauwarm oder leicht abgekühlt schluckweise getrunken. Aufgrund seiner durch das mehrmalige Kochen bewirkten besonderen Feinstofflichkeit leitet dieses Wasser Giftstoffe besonders gut aus unserem Körper aus. Wir können das daran bemerken, dass wir nach dem Trinken größerer Mengen dieses Wassers einen ziemlich dunklen, trüben Urin absetzen.

Fertig-Holunderblütentee aus dem Reformhaus

Bei diesen Tees ist – ganz ähnlich wie auch bei den Apothekentees – eine bestimmte Qualitätssicherung gegeben, die man beim wilden Sammeln so nicht hat. Der Tee muss nach ganz bestimmten Richtlinien angebaut, gesammelt, getrocknet und verarbeitet sein, sodass die versprochenen Gesundheitswirkungen auch tatsächlich gewährleistet sind.

Holunderblütentee gibt es sowohl in loser Form als auch in Teebeuteln und als Instanttee zum Einrühren. Er kann so auch mit anderen Blütentee-Sorten vermischt werden, zum Beispiel mit Pfefferminze, Lindenblüte, Kamille oder Hagebutte.

Ein sehr angesehener und sicherer Hersteller für Holunderblütentee von guter Qualität ist die Firma Walter Schoenenberger. Die Teepackungen enthalten auch – wie sonst bei Arzneimitteln üblich – ein aufgedrucktes Verfallsdatum, sodass man sofort weiß, wie frisch die Teeverarbeitung ist. Tees aus anderen Holunderbestandteilen erhält man in aller Regel in der Apotheke.

Fertigtees mit Holunderbestandteilen aus der Apotheke

Erkältungstee

Der **Felke Erkältungstee** zur Behandlung fieberhafter Erkältungskrankheiten der Firma Truw-Mauch-Arzneimittel enthält als arzneilich wirksame Bestandteile in 100 g Tee: 40 g Holunderblüten, 20 g Lindenblüten, 30 g Weidenrinde, außerdem Anis und Süßholzwurzel.

Anwendung: 1 EL Tee wird mit ca. 150 ml kochendem Wasser übergossen. Bedeckt etwa 10 Minuten ziehen lassen, dann abseihen. Mehrmals täglich 1 Tasse frischen Tee zubereiten und schluckweise heiß trinken.

Tee für Diabetiker

Für Diabetiker bestimmt – auch bei Altersdiabetes – ist der **Nestmann Dibena 1 Complex-Tee Nr. 11**, ein sehr empfehlenswerter Fertigtee. Er besteht aus Heidelbeerblättern, Bohnenschalen und Geißrutenkraut und enthält Holunderblüten für die bessere Entwässerung. Somit unterstützt und reguliert er den Stoffwechsel und hilft, Giftstoffe über den Darm und die Nieren auszuscheiden. Natürlich kann er eine Diabetestherapie aber nur unterstützen, nicht ersetzen!

Erkältungstees

Der bewährte **Kneipp-Erkältungstee** enthält auf 100 g Gesamtmenge je 30 g Holunderblüten und Thymian und dazu 40 g Lindenblüten. Er soll vorwiegend bei fieberhaften Erkältungskrankheiten genommen werden, bei denen eine Schwitzkur gewünscht wird. Der Tee ist in Aufgussbeuteln erhältlich. Die Zubereitung ist denkbar einfach: Jeweils 1 Beutel mit ca. 150 ml kochendem Wasser übergießen und vor dem Trinken 10 Minuten zugedeckt ziehen lassen. Davon soll man im Akutfall mehrmals täglich 1 Tasse frisch zubereitet schluckweise und heiß trinken und dabei das Bett hüten.

Grippetee

Hevert-Erkältungstee ist ebenfalls ein sehr guter und besonders gegen grippale Infekte wirksamer Tee. Denn er enthält außer Holunderblüten auch Weidenrinde, die bekanntlich Salicylate enthält – das Prinzip, auf dem auch die heilende Wirkung des Aspirins beruht. Seine Zutaten sind auf 100 g Tee: 35 g Holunderblüten, 30 g Thymiankraut, 30 g Weidenrinde und 5 g Malvenblüten.

Sonstige Apotheken-Erkältungstees – oft als Instants zum unmittelbaren Einrühren – enthalten neben Holunder- und Lindenblüten Mädesüß, oft auch Hagebuttenschale zur Geschmacksverbesserung und Anhebung des Vitamin-C-Gehalts.

Rheumatee

Der **Kneipp-Rheuma-Tee N** enthält auf 100 g Gesamtmenge 21,46 g Holunderblätter. Dazu kommen 32,78 g Bittersüßstängel, 21,46 g Weidenrinde (deren Inhaltsstoff Salicylsäure ein natürliches Aspirin darstellt und daher sehr gut gegen Rheumaschmerzen hilft), 14,27 g Wacholderbeeren und 7,2 g Sandelholz. Beigegeben sind noch Sonnenblumenblüten. Dieser Fertigtee ist in Aufgussbeuteln abgepackt. Man soll ihn frisch zubereiten und jeweils morgens und abends 1–2 Tassen trinken.

Hustentee

Ein sehr guter fertiger Husten-Medizinaltee zum Aufbrühen ist **apo-TUSS N** der spagyrisch-homöopathischen Heilmittelfirma Pekana. In 100 g sind 10 g Holunderblüten als Blutreinigungsmittel und gegen die Entzündung der Atemwege enthalten; dazu 10 g Kornblume, die leicht harntreibend wirkt und aufgrund ihrer Bitterstoffe die Verdauung fördert. Die Blüten der Großblütigen Königskerze enthalten Schleime und Saponine und lösen daher den Bronchialschleim. Auch davon sind in dem Tee 10 g enthalten, die den Hustenreiz mildern und der Heiserkeit vorbeugen sollen, außerdem Samenkapseln von Anis und Fenchel (zu je 5 g), die ebenfalls als auswurffördernd, schleimlösend und hustenmildernd gelten. Die Hauptmasse des Tees besteht mit 60 g aus den Blättern des Spitzwegerichs, der als ganz klassisches Husten-Pflanzenheilmittel gilt und auch in viele Hustensäfte eingearbeitet ist.

Extra-Tipp: Als Mittel zur Erzeugung von starkem Schwitzen bei grippalen Infekten und Erkältungskrankheiten kann man heißen Holunderblütentee mit einem gleichzeitig genommenen heißen Vollbad unterstützen.

Selbst angesetzter Holunderblütentee

Als Standardrezept für frischen oder getrockneten Holunderblütentee gilt: 3 g Holunderblüten mit kochendem Wasser übergießen und nach 5–10 Minuten durch ein Sieb abgießen.

Selbst angesetzter Holunderbeerentee

Ungefähr 10 g getrocknete Holunderbeeren mit kaltem Wasser ansetzen, einige Minuten stehen lassen und dann langsam auf kleiner Flamme zum Kochen bringen. Nach kurzem Aufkochen lässt man den Tee 5–10 Minuten ziehen und siebt dann ab. Dieser Tee gilt als leicht entwässernd. Er dient bei fieberhaften Erkältungskrankheiten zur Unterstützung der Therapie und sollte mehrmals täglich – leicht mit Honig gesüßt und nach Wunsch mit etwas Zitronensaft – schluckweise getrunken werden.

Getrocknete Holunderblüten und -beeren sind in der Apotheke erhältlich.

Holunder-heilmittel aus der Apotheke

Neben Tees, Säften und Sirup, die man auch sehr gut aus selbst gesammelten Holunderbestandteilen herstellen kann, gibt es in der Apotheke zahlreiche Pflanzenheilmittel und homöopathische Präparate, die Holunder enthalten. Von Husten, Schnupfen und Erkältungen über Asthma und Neuralgien bis hin zu Wechseljahrsbeschwerden und Wasseransammlungen im Gewebe reicht das breite Spektrum ihrer Heilwirkungen. Hier erfahren Sie alles über diese Heilmittel und ihre richtige Anwendung.

Die Pflanzenheilkunde (Phytotherapie) ist so alt wie die ältesten bekannten Zivilisationen der Menschheitsgeschichte. Schon vor 4000 Jahren wurden pflanzliche Arzneimittel in der hoch entwickelten Medizin Alt-Ägyptens eingesetzt. Darauf baute später die griechische Heilkunde auf, auf der wiederum unsere heutige Medizin in ihren ältesten Wurzeln beruht.

Selbstmedikation ist heute bei vielen gefragter denn je zuvor. Die homöopathischen Mittel und Pflanzenheilmittel der Phytotherapie (Pflanzenheilkunde) stehen bei der Allgemeinheit oft in dem Ruf, nur „sanfte Medizin" zu sein. Daher verlässt sich mancher auf gute Ratschläge von Verwandten und Freunden, um ein empfohlenes Mittel aus dem Bereich der Naturheilkunde „einfach mal" auszuprobieren – gegen Fieber, Kopfweh, Rheuma, dies und das. Dabei können die Selbstmediziner oft üble Überraschungen erleben, wenn z. B. nur ein einziger Tropfen einer hoch verdünnten homöopathischen Sulfurzubereitung plötzlich Eiter aus Ohren und Nase treibt oder wenn die immunstärkenden Echinacea-Tabletten unangenehmen Hautausschlag hervorrufen.

Dies gilt auch und gerade beim Holunder, der aufgrund seiner giftigen Inhaltsstoffe nicht so harmlos ist, wie mancher annehmen mag. Die meisten von uns haben die alte Erfahrungsmedizin, zu der auch das Wissen um den Holunder gehört, nicht von klein auf von Eltern und Großeltern übermittelt bekommen. Vieles ist bereits in Vergessenheit geraten, darunter auch Vorsichtsmaßnahmen gegen Vergiftungsgefahren und Unverträglichkeiten.

Speziell für die Homöopathie gilt, dass man für jede Zubereitung, die in der Apotheke erhältlich ist, sehr genau wissen sollte, für welche ganz besonderen Fälle sie wirksam ist, welche „Gegenanzeigen" beachtet werden müssen, wie das Mittel zu dosieren und wie lange es einzunehmen ist.

Daher unser Tipp: Bescheid zu wissen ist schon sehr gut, aber bei akuten Beschwerden sollte man lieber doch den Heilpraktiker oder den erfahrenen Naturheilkunde-Arzt aufsuchen!

Was versteht man unter „Phytotherapie“?

Die Phytotherapie (Pflanzenheilkunde) bedient sich ganz unmittelbar der Wirkstoffe, die die Pflanzenwelt zu bestimmten Heilwirkungen anbietet. Das Wissen um diese Wirkstoffe bzw. um die Heilwirkung der Pflanzen beruht auf so genanntem „Erfahrungswissen“: Man hat sie ausprobiert, Erfahrungen gemacht und seine Kenntnisse an die Schüler und den Nachwuchs weitergegeben.

Dabei war und ist es entscheidend, leicht wirkende, harmlose von kräftig wirkenden oder gar giftigen Heilpflanzen zu trennen. Heute gibt es bezüglich der jeweils richtigen Dosis aufgrund der streng staatlich kontrollierten Zulassungsverfahren auch für „sanfte“ Pflanzenmedizin, die wir in der Apotheke kaufen können, eine sehr große Sicherheit.

Schon Paracelsus wusste vor mehr als 450 Jahren: „Allein die Dosis macht, dass ein Ding kein Gift ist.“

Wer aber seine Pflanzenheilmittel selbst sammeln und herstellen möchte, ist auf das richtige Wissen angewiesen. Man sollte über die Botanik der jeweiligen Pflanze, über ihre Inhaltsstoffe und deren Wirkungen in Grundzügen informiert sein und auch die Regeln zum richtigen Sammeln, zur Weiterverarbeitung und Anwendung kennen. Denn Unkenntnis kann lebensgefährlich sein. Deshalb sollte man auch nur solche Heilpflanzen selbst sammeln und verarbeiten, die man sehr gut kennt.

Beim Holunder sollte die Giftigkeit des Sambunigrins durch sorgfältiges Auslesen unreifer Beeren, durch Entfernen der Stiele und durch Erhitzen ausgeschaltet werden.

Standardisierte, isolierte Einzelwirkstoffe – oder der natürliche Wirkstoffkomplex?

Natürlich bemühen sich die Hersteller von Pflanzenheilmitteln heute darum, in sorgfältigen Detailuntersuchungen ihrer wissenschaftlichen Laboratorien genauere

Es ist zu beachten, dass man Pflanzentees nie über einen längeren Zeitraum als 3 Wochen als Dauertees trinken sollte. Das betrifft v. a. die Entwässerungstees, zu denen der Holundertee auch gehört, denn sie geben den Nieren ordentlich zu schaffen und sollen diese nicht dauerhaft überstrapazieren.

Kenntnisse über einzelne Bestandteile und Inhaltsstoffe der bekannten Pflanzenheilmittel der Erfahrungs- und Volksmedizin zu erhalten. Bis heute gibt es bestimmte Pflanzen, die besonders gut erforscht sind, deren medizinische Wirkungen in genauen Studien erprobt und stichhaltig naturwissenschaftlich nachgewiesen werden konnten. Das ist z. B. bei den Herzmitteln Weißdorn und Fingerhut der Fall oder auch bei dem antidepressiv wirksamen Johanniskraut.

Die Erforschung des Holunders steht hier noch am Anfang. Allzu lange ist er als einschlägiges Schwitzmittel dargestellt worden, bei dem man den ätherischen Ölen der Blüten eine gewisse helfende Wirkung zubilligte, den man aber eher als ein harmloses Placebo-Mittel einstufte: einen „Schönungstee" für angenehmes Aroma und ohne weitere Wirkung.

„Placebo" heißt: Es gibt keine nachweisliche Substanzwirkung, sondern nur der Glaube des Einnehmenden an das Mittel hat geholfen. Auch heute noch heißt es in einschlägigen Apothekerlisten: Beim heißen Teeaufguss mit Holunder wird eher dem heißen Wasser als den Pflanzeninhaltsstoffen des Holunders der Schwitzerfolg zugeschrieben! Wie allerdings die Forschung der letzten Jahre erwiesen hat, enthält der Holunder – und zwar in allen seinen Bestandteilen – Wirkstoffe, die von einer verblüffenden, durchschlagenden, bisher ungeahnten Heilkraft sind.

Trotz der Erforschung einzelner Wirkstoffe – wie zum Beispiel der Lektine, die Viren so erfolgreich abwehren und auflösen können – gilt aber auch für den Holunder wie für alle Pflanzenheilmittel: Pflanzen enthalten einen gebündelten „Wirkstoffkomplex"; sie wirken aufgrund ihrer gesamten natürlichen Zusammensetzung. Die Isolierung eines einzelnen Stoffes, dem die Alleinwirkung zuzuschreiben sein soll, hat sich in der Pflanzenheilkunde als Irrweg erwiesen.

Pflanzenheilmittel haben Zukunft!

Selbstverständlich gibt es viele Krankheiten, bei denen der Einsatz von Pflanzenheilmitteln nicht angebracht ist. Infektionen aufgrund bestimmter Bakterien oder Viren oder starker Bluthochdruck zum Beispiel sollten mit den hier erfolgreicheren chemischen Arzneimitteln behandelt werden. Aber die heutige Diskussion um die immer weiter verbreitete Widerstandskraft (Resistenz) gegen Antibiotika hat die Heilpflanzenforschung dazu angestachelt, pflanzliche Antibiotika zu suchen.

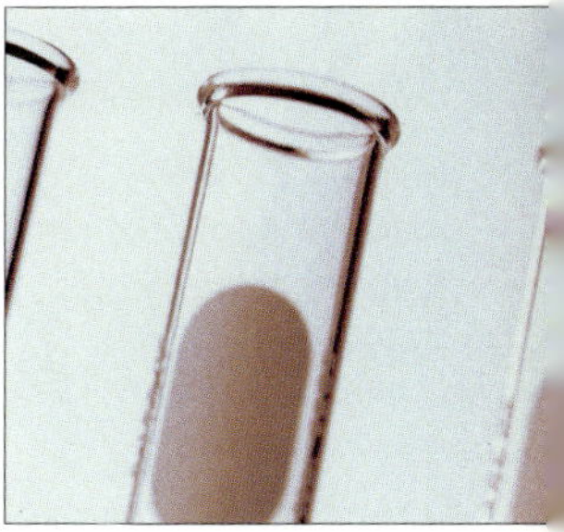

Der Holunder steht noch am Anfang seiner wissenschaftlichen Erforschung.

Bisher sind nicht mehr als ungefähr 15 Prozent aller Pflanzen auf Heilwirkungen untersucht worden. Und es steht – ähnlich wie der Holunder – eine ganze Reihe von erfahrungsmedizinisch altbekannten Heilpflanzen erst am Anfang ihrer wissenschaftlichen Erforschung und Erprobung. Die bewiesene Wirksamkeit des Holunders gegen sieben Arten von echter Grippe, der oft tödlich verlaufenden „Influenza“, gibt zu aller Hoffnung Anlass – zumal die Pflanzenmittel meist nicht so viele Nebenwirkungen besitzen wie chemische Präparate, auch wenn sie längst nicht alle völlig nebenwirkungsfrei sind.

Gesamtextrakte: Mutterpresssäfte und Essenzen

Unter den Qualitätsanforderungen, die heute an hochwertige Pflanzenheilmittel gestellt werden, steht die Forderung im Zentrum, dass diese Mittel möglichst intensiv und auf der Basis des natürlichen Spektrums der Inhalts-

Muttersäfte sind außer in Apotheken in Reformhäusern und Bioläden erhältlich.

stoffe einen Gesamtauszug der Einzelpflanze enthalten sollen. Gesamtauszüge – so genannte „Extrakte“ – erfassen somit den ganzen Wirkstoffkomplex der Pflanze und bieten dadurch auch eine Wirkungssicherheit. Sie bestehen unverdünnt zu 100 Prozent aus dem Pflanzensaft, der aus allen Bestandteilen hergestellt sein kann: Wurzeln und Blättern, Stängeln, Blüten und Früchten.

Die Hersteller von Säften aus den Früchten heilkräftiger Pflanzen – wie z. B. besonders der so intensiv wirkenden Wildpflanzen Holunder, Schlehe und Brombeere – bevorzugen aufgrund der intensiveren Wirkung ebenfalls die Herstellung unverdünnter, zu 100 Prozent aus Fruchtsaft bestehender Presssäfte ohne jeden Zuckerzusatz und nennen sie „Muttersäfte“.

„Essenzen“ sind Zubereitungen aus frischen und saftreichen Arzneipflanzen. Gleiche Teile ausgepresster Saft und Weingeist werden vermischt und in gut verkorkten Flaschen aufbewahrt.

Die phytotherapeutischen Komplexmittel

Sehr häufig jedoch bestehen die phytotherapeutischen Heilmittel aus Mischungen von mehrerlei Heilpflanzen, von denen jede ganz bestimmte Heilwirkungen hat, die dann aber zusammen lindernd und heilend für jeweils komplexe Krankheitszustände wirken. Dabei können die einzelnen Heilpflanzenextrakte bzw. sonstige Bestandteile aus dem Bereich der Mineralien und Salze auch homöopathisch verdünnt sein.

Die Kunst der Heilmittelherstellung besteht darin, keine unverträglichen oder einander aufhebenden Wirkstoffe miteinander zu kombinieren, sondern nur solche, die einen sinnvollen Wirkstoffkomplex zur Heilung oder

Besserung bestimmter Leiden darstellen. Solche phytotherapeutisch-homöopathischen Mittel nennt man „Komplexmittel“.

Aufgrund ihrer sorgfältigen pharmazeutischen Forschung und Erfahrung sind die Komplexmittel traditioneller Naturheilmittel-Hersteller wie z. B. Pflüger, Nestmann, WALA und Weleda durchweg besonders empfehlenswert, da sie gut wirken und bei Beachtung der Warnhinweise risikoarm sind. Doch sollte man auch bei diesen Mitteln auf Selbstmedikation weitgehend verzichten.

Die Rolle des Alkohols als Lösungs- und Konservierungsmittel in der Pflanzenheilkunde

Alkohol (Weingeist) wird bei Pflanzenheilmitteln oft benötigt, um bei der Herstellung den Wirkstoffkomplex aus den Bestandteilen der Pflanze herauszulösen. Insbesondere aus Wurzeln und Blättern lassen sich die Wirkstoffe nur mit Alkohol überhaupt richtig extrahieren. Sie gehen dann in ihrer natürlichen Struktur und in intensivierter Form in die alkoholische Lösung über.

Alkohol schützt auch vor schädlichem Mikrobenbefall, sodass die Hersteller keine künstlichen Konservierungsmittel zugeben müssen.

Bei manchen Inhaltsstoffen pflanzlicher Heilmittel – z. B. bei vielen ätherischen Ölen, die leicht verfliegen – kann Alkohol die Aufnahme im Magen-Darm-Trakt (die so genannte Resorption) verbessern und dadurch eine bessere Wirksamkeit erzielen. Darüber hinaus besitzt er eine oft gewünschte anregende Wirkung auf das gefäßregulierende Zentrum im Herzen und steigert so die Durchblutung. Daher kann er auch das Risiko einer Verstopfung der Herzkranzgefäße vermindern.

Alkohol schützt vor schädlichem Mikrobenbefall, sodass die Hersteller keine künstlichen Konservierungsmittel zugeben müssen. Außerdem steigert er (in niedrigen Dosen natürlich!) das Immunabwehrsystem.

Komplexmittel in flüssiger Form, als Dilutionen (Tropfen), sind durchweg auf Alkohol aufgebracht. Bei Leber- und Alkoholkranken, Epileptikern, Hirngeschädigten, Schwangeren und Kindern sollten sie in sehr hellen, heißen Tee gegeben und nach kurzer Abkühlung warm eingenommen werden. Damit ist der zu Konservierungszwecken beigegebene Alkohol verflogen.

Was sind homöopathische Heilmittel und wie wirken sie?

Hahnemann hatte als Gesunder am eigenen Leib Chinarinde ausprobiert, die bei ihm sehr ähnliche Erscheinungen (Symptome) hervorrief wie Malaria: Temperaturerhöhung, Schüttelfrost, Milzschwellung usw. – und er setzte Chinarinde mit Erfolg bei Malariakranken ein.

Unter Homöopathie versteht man die Heilmethode des Arztes Samuel Hahnemann (1755–1843), deren Leitsatz sinngemäß davon ausgeht, dass jeder Krankheitsfall am sichersten von demjenigen Arzneimittel geheilt werden kann, das in einem gesunden Körper – dem man dieses Mittel eine Erprobungszeit hindurch gegeben hat – möglichst ähnliche Erscheinungen hervorbringt wie die betreffende Krankheit.

Man nennt das Heilmittelprinzip der Homöopathie dementsprechend „Ähnlichkeitsprinzip" oder lateinisch „Simileprinzip": Ähnliches wird mit Ähnlichem geheilt. Wobei die Homöopathen Wert auf die Unterscheidung von „ähnlich" und „gleich" legen – es heißt eben nicht: Gleiches wird mit Gleichem geheilt. Denn das wäre so gar nicht möglich.

Im Fall des Holunders, der als Teeaufguss als hervorragendes Mittel zur Erzeugung des entgiftenden Schwitzens gilt, wird die homöopathische Zubereitung als ein gutes Mittel gegen übermäßiges Schwitzen – oft auch in Fällen hormoneller Entgleisung, wie bei den Wechseljahren der Frau – genutzt.

Entscheidend dafür, dass die homöopathischen Heilmittel auch so wirken, wie sie sollen, ist, dass sie zu Heilzwecken stark verdünnt werden müssen. Das zweite Prinzip der homöopathischen Methode lautet: Es soll nicht schaden! Damit ist gemeint: Das passende Heilmittel muss in einer sehr kleinen Dosis angewendet werden – so klein, dass sie nicht mehr schaden kann. Dabei machten die Homöopathen die verblüffende Erfahrung, dass mit immer stärkeren Verdünnungsgraden ihrer

Medizin die Heilwirkung nicht nur nicht schwächer, sondern im Gegenteil immer stärker wurde. Nur dass aufgrund der Verdünnung die heftigen Verschlimmerungen zu Anfang einer Behandlung ausblieben, die von den „allopathischen" Mitteln erzeugt wurden.

Derzeit sind die am sorgfältigsten hergestellten und wirksamsten Holunderpräparate in der Apotheke überwiegend als homöopathische bzw. spagyrisch-homöopathische oder anthroposophisch-homöopathische Zubereitungen erhältlich. Daher sind grundsätzliche Informationen über diese besonderen Heilmittel für alle, die diese alte Heilpflanze besser kennen lernen und im Krankheitsfall ihre Heilwirkungen nutzen wollen, sehr sinnvoll.

Homöopathische Verreibungen, Kügelchen und flüssige Potenzen

Die homöopathischen „Verreibungen" heißen „Triturationen" (daher auch oft die zusätzliche Bezeichnung „trit.") und sind feinstmögliche enge Vermischungen des Pflanzenarzneistoffs mit Milch- bzw. Rohrzucker. Verreibungen gibt man in Messerspitzen-Portionen (linsen- bis erbsengroß) in 1 EL Wasser und lässt alles ungefähr eine halbe Minute im Mund zergehen, ehe man schluckt.

Am häufigsten werden homöopathische Heilmittel in Form von sehr kleinen Streukügelchen – 5, 10, 15, 20, 30 und 50 g schwer – gegeben. Sie heißen mit dem lateinischen Wort für Kügelchen „Globuli". Streukügelchen bestehen aus mit verdünnten flüssigen Wirkstoffen, den so genannten Potenzen, getränkten und wieder getrockneten Zuckerkörnchen. Globuli-Streukügelchen sollen unter der Zunge zergehen, damit sie auf diese Weise die

Für 100 Streukügelchen von je 15 g ist ungefähr ein Tropfen der Arznei erforderlich – also ein äußerst geringer Substanzgehalt, weil die Arznei zuvor ja auch noch stark verdünnt wurde! Erwachsene nehmen die Globuli trocken auf die Zunge, 3–5 Stück (außer der Arzt hat etwas anderes verordnet); Kinder nehmen meist 1–2 Stück in Wasser gelöst.

Die Verdünnungen in Zehnerpotenzen ab 1:10 heißen „D-Potenzen“: D1 (1:10), D2 (1:100), D3 (1:1000) usw.

in ihnen aufgebrachten Informationen aus dem Wirkstoffkomplex der Arzneimittel über die Mundschleimhaut an das Gehirn weitergeben können. Dort sitzt unsere Zentrale für die Regulation aller Körperfunktionen: die „Festplatte“ unseres „Computers“ Körper, und sie reagiert noch feiner und schneller als der beste aller modernen Rechner.

Die homöopathischen Verdünnungen heißen Potenzen. Flüssige Potenzen – eine so genannte homöopathische D1 hat ein Zehntel Arzneigehalt, eine D2 ein Hundertstel, eine D3 ein Tausendstel usw. – werden auch Dilutionen genannt (auf Apothekenpräparaten abgekürzt „Dil.“). Dilutionen können auf ganz verschiedene Weise hergestellt werden: aus Tinkturen und Essenzen oder Lösungen, den so genannten Solutionen.

Homöopathische Dilutionen nehmen Erwachsene zu 2–5 Tropfen in 1 EL Wasser ein, Kinder zu 1–2 Tropfen auf Zucker oder 3–5 Tropfen teelöffelweise in 1 Tasse Wasser.

Solutionen bestehen grundsätzlich aus in Wasser aufgelösten Arzneisubstanzen, während Tinkturen und Essenzen in Weingeist gelöste Substanzen enthalten. Auch aus Verreibungen ab einer Verdünnung D3 können in Weingeist – d. h. Alkohol – gelöste Dilutionen hergestellt werden, denn dann entfalten sich erst nach der Erfahrung der Homöopathie die eigentlichen Arzneikräfte, die für den menschlichen Organismus heilsam und nicht schädlich sind.

Was sind spagyrische Heilmittel?

Die spagyrische Heilpflanzenmittel-Herstellung geht unmittelbar auf die Vorschriften des berühmten deutschen Arztes Paracelsus (1493–1541) zurück. Der Name „spagyrisch“ kommt aus dem Griechischen und beschreibt genau das Verfahren: „Spao“ heißt: „trenne“, und „ageiro“ heißt: „vereinige“! Danach hat sich das

Grundsätzliche Einnahmevorschriften für alle Homöopathika

- Sobald eine deutliche Besserung eintritt, wird das Mittel seltener eingenommen, zuletzt ganz ausgesetzt, bis wieder eine Verschlimmerung einsetzt. Sollte sich bei einer Verschlimmerung das Krankheitsbild ändern, muss ein neues Mittel gesucht werden.
- Während der Einnahmezeit homöopathischer Mittel sollten schulmedizinische Mittel nur nach Absprache mit dem behandelnden Arzt und dem Homöopathen abgesetzt werden! Stark wirkende Tees, Mineralwasser mit Kohlensäure und insbesondere eisenhaltiges Mineralwasser sind zu vermeiden. Bei bestimmten Homöopathika (z. B. Aconit, Belladonna) sollte man auf Bohnen- und Zichorienkaffee gleichermaßen verzichten!
- Bei vielen Krankheiten ist das Einnehmen der passenden Arznei in heißem Wasser besser: bei krampfartigen Schmerzen im Magen-Darm-Bereich, der Gallenblase, der Blase und der Gebärmutter, bei Herz- und Nierenleiden.

Trennen und das Wiedervereinigen der Heilmittelwirkstoffe in vier Herstellungsschritten zu vollziehen.

Die **Trennung** geschieht durch Faulstoffzersetzung oder durch Gärung der ganzen Pflanzen. Meist wird heute eine so genannte „geführte Gärung“ bevorzugt.

Die **Reinigung** geschieht durch Destillation (Verdampfung der flüssigen Bestandteile) oder Feinfiltration (feines Durchfiltern).

Die **Veraschung** erfolgt innerhalb verschiedener Temperaturstufen. Es bleiben dabei Kalkkristalle zurück, die in gereinigter und gekräftigter Form die Wirkstoffinformationen des ursprünglichen Pflanzenmaterials enthalten.

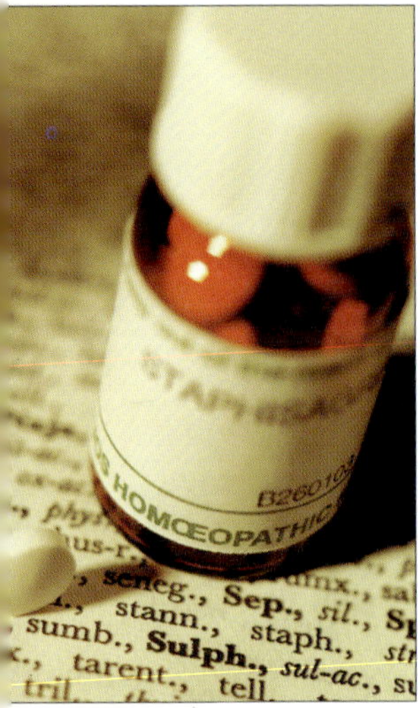

Essenzen entstehen aus der Destillation.

Bei der **Wiedervereinigung** wird das aus der Gärphase hervorgegangene Material mit den aus der Asche gewonnenen Mineralien zusammengefasst.

Die spagyrische Pflanzenheilmittel-Herstellung ist heute zugleich auch meist mit der homöopathischen kombiniert. Auch hier gibt es die Grundlösungen, die so genannten „Urtinkturen", die meist aus den getrockneten Pflanzen zusammen mit 70%igem Alkohol (Ethanol) im Verhältnis 1:10 angefertigt werden. Sie werden dann homöopathisch weiterpotenziert, d. h. verdünnt zu einem Zehntel, einem Hundertstel, einem Tausendstel usw. als D1, D2, D3 usw.

Wichtig sind außer den Urtinkturen und ihren Verdünnungen auch die „Essenzen", die aus der Destillation entstanden sind. Essenzen enthalten die ätherischen Öle und sonstigen Inhaltsstoffe der ganzen Pflanzen, die mithilfe von Wasserdampf ausgelöst wurden.

Die so hergestellten „homöopathisch-spagyrischen Tropfen" für die innerliche Anwendung werden von spagyrischen Salben für äußerlich verabreichte Parallelanwendungen begleitet, die in akuten und auch chronischen Fällen immer zugleich empfohlen werden.

Worauf achten die anthroposophischen Hersteller bei der Anfertigung ihrer Heilmittel?

Basis der Arzneimittel bei den beiden anthroposophischen Heilmittelfirmen WALA und Weleda ist ebenfalls prinzipiell die Homöopathie. Auch hier erfolgen die speziellen Verdünnungen der Grundsubstanzen aus der Pflanzen- und Mineralienwelt mithilfe feiner Verreibungen und Verschüttelungen, die auch die klassische Homöopathie betreibt: Die Heilmittel werden „potenziert“. Anders und ganz besonders ist hier allerdings das so genannte „Rhythmisieren“ und „Dynamisieren“. Das bedeutet, dass die Einwirkungen und Rhythmen der Gestirne, die unseren Planeten Erde umgeben (an erster Stelle der Mond, aber auch die Planeten und die Sonne), bereits ab der Bodenvorbereitung für den Anbau der Heilpflanzen, dann aber auch beim Aussäen selbst, bei der Verpflanzung sowie beim Ernten und beim Ansetzen zu Gärungen und Fermentationen berücksichtigt werden.

Es hat sich gezeigt, dass die „organisch-dynamische“ Landwirtschaft der Anthroposophen aufgrund ihrer Anbau-Prinzipien besonders kräftige, gegen Schädlinge widerstandsfähige und wirkstoffreiche pflanzliche Nahrungs- und Heilmittel produziert.

Bei den Heilmitteln ist daher davon auszugehen, dass sie besonders wirkkräftige Grundmaterialien enthalten, die noch dazu mit wohl überlegten und behutsamen Maßnahmen zu ganz besonderer Heilfähigkeit gebracht werden. Speziell zum Holunder haben die Anthroposophen sehr genaue Ansichten und Erkenntnisse. Die Auswirkung der Blütendolden auf das Schwitzen bei fiebrigen Infekten führen sie auf deren schwefelhaltige Inhaltsstoffe zurück. Diese helfen dem „erkälteten“ Kranken, wieder zu einer stärkeren Wärmeorganisation zu kommen. Bettruhe und Schonung ist außerdem hier der medizinische Ratschlag.

Ganzheitliche Heilung durch energetische Arzneimittel

Wichtig ist für die Homöopathie, die Spagyrik und die Anthroposophie gleichermaßen, dass alle ihre Mittel auf eine Heilung durch Anregung der menschlichen Selbstregulationskräfte ausgerichtet sind. Die starken Verdünnungen können keine Kleinstbestandteile (Moleküle) als Substanzen mehr enthalten. Sie wirken insofern nicht über Wirkstoffe, die man materiell festhalten kann, wie das die biochemische und molekular-materiell ausgerich-

Schon viele Menschen haben erfahren, dass allergische Hautreizungen zwar schnell mit einer Kortisonsalbe unterdrückt werden, aber immer wiederkehren können und dann oft viel schlimmere Formen annehmen. Wer das weiß, geht lieber den Weg der „sanften" Medizin: Er greift zu homöopathischen Tropfen oder Globuli und kommt damit oft zu überraschenden Dauererfolgen!

tete Schulmedizin für ihre Arzneimittel fordert. Vielmehr sollen durch den Kraftgewinn beim Potenzieren (d. h. beim Verdünnen durch Verschütteln und Verreiben) die Informationsmuster aus Pflanzen oder Mineralien als immaterielle Frequenzen in die Trägermaterialien (Wasser bzw. Alkohol oder Zucker) eingebracht werden. Beim Einnehmen dieser Mittel setzt dann der Weg der Informationen über das Gehirn ein und geht an die bei Krankheit fehllaufenden Regulationen des leibseelischen Gesamtgeschehens, die nach und nach wieder „in Ordnung" gebracht wird.

Homöopathisch-spagyrische Pflanzenheilmittel begründen somit eine „energetische Medizin". Sie helfen „von Grund auf" (genau gesagt: „radikal", von der Wurzel an), auch wenn die Heilungsprozesse langsamer und oft unmerklicher erfolgen können als bei der chemisch-pharmazeutisch vorgehenden Medizin, die bestimmte Symptome schlagartig abstellt.

Phytotherapeutische, homöopathische und spagyrische Holunderpräparate in der Apotheke

Holunder ist oft eingemischt in Komplex-Pflanzenmittel gegen Fieber, Grippe und fiebrige Erkältungskrankheiten, gegen Krampf- und Reizhusten sowie Bronchitis oder sonstige Entzündungen und Erkältungen im Rachen-, Kehlkopf-, Bronchial- und Lungenbereich bis hin zu Keuchhusten und Tuberkulose.

Bei den im Folgenden beschriebenen Fertig-Heilmitteln aus der Apotheke geben wir keine Dosierungsempfehlungen, da diese auf den Beipackzetteln der jeweiligen Medikamente stehen bzw. die Dosis dieser Heilmittel zumindest zu Anfang von einem kundigen Heilpraktiker oder homöopathischen Arzt individuell festgelegt werden sollte.

Holunder gegen Schnupfen und Entzündungen der Nasennebenhöhlen

„Erkältungen" schlagen sich in erster Linie auf die Atemwege, auf die Nase, die Lungen und Bronchien. Wenn wir von kalter und feuchter Luft in unsere oft überwärmten Wohnungen kommen, uns tagsüber bei der Arbeit in Gebäuden mit Klimaanlage aufhalten oder unterwegs unter Zugluft leiden, werden von unserem Körper gewaltige Anpassungsleistungen verlangt. Diese kann er immer dann, wenn er „gestresst" ist, nicht mehr erbringen und wird krank.

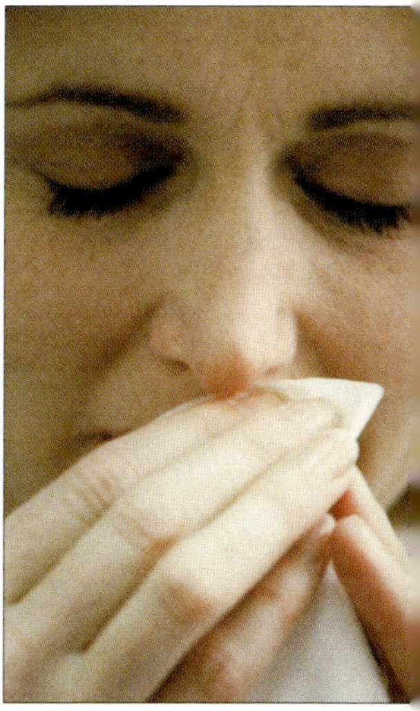

Bei Schnupfen sollte man keine Tropfen nehmen, die die Nasenschleimhaut abschwellen lassen. Besser ist eine Sanierung „von Grund auf" durch ein Pflanzenheilmittel.

Wenn ein Schnupfen unsere Nasenschleimhaut anschwellen lässt, so hat die Nase die eingeatmete Atemluft nicht richtig weiterbefördern und an unseren Körper anpassen können. Wenn wir nun abschwellende Tropfen für die ohnehin schon schwache Nasenschleimhaut nehmen, schwächen wir sie nur noch mehr. Nur wenn wir den gesamten Organismus wieder dafür stark machen, ausreichend Flüssigkeit und Wärme herzustellen, haben wir nachhaltig für unsere Gesundung gesorgt! Die verbreiteten Rückfälle von Erkrankungen im Bereich der Nase und der Nasennebenhöhlen können dann ausbleiben.

Eines der bekanntesten modernen Pflanzenheilmittel gegen chronische oder auch akute Entzündungen der Nasennebenhöhlen und Schnupfen ist **Sinupret** der Arzneimittelfirma Bionorica. Die Dragees enthalten zu gleichen Teilen (nämlich pro Dragee je 18 mg) Eisenkraut, Gartensauerampferkraut, Holunderblüten und Schlüsselblu-

Bei Säuglingen und Kleinkindern, die an Schnupfen und Nasennebenhöhlenentzündung leiden, empfiehlt die Firma WALA abendliche Ganzkörpereinreibungen mit Malvenöl, das auch Holunder enthält. Für Erwachsene mit gleicher Indikation genügen abendliche Beinmassagen.

menblüten mit Kelch. Beigegeben ist außerdem Enzianwurzel (6 mg pro Dragee). Die Sinupret-Tropfen sind auf 19 Prozent Alkohol aufgebracht. Sie enthalten in gleichen Anteilen dieselben Substanzen wie die Dragees. Die beigegebenen Holunderblüten sollen für die Schleimlösung sorgen und Entzündungszustände lindern.

Bei Katarrhen, die zugleich mit Frösteln und Gänsehaut einhergehen, überhaupt für alle, die immer frieren, unruhig und nervös sind und dazu oft Schnupfen mit Fieber haben, hat die Firma Pascoe ein interessantes Fieber-Komplexmittel im Angebot: **Jaborandi Similiaplex®-Tropfen**. Diese enthalten Holunder in D3 als Schleimlösungsmittel, das zugleich das Schwitzen verstärkt und daher für ordentliche Entgiftung sorgt. Zusammen mit den Jaborandiblättern in D3 sollen diese Wirkungen des Holunders verstärkt werden, wobei unter anderem schwächende Schweiße mithilfe der Käsepappel *(Malva silvestris)* in D1, Nachtschweiße (auch bei Tuberkulosekranken) mit Salbei in D1 und nervöse Unruhezustände mit Passionsblume in D3 gelindert werden sollen.

Holunder im Hustensaft

In einer Zusammensetzung mit anderen Auszügen, die auf Alkohol aufgebracht sind, gibt es ein sehr gutes Mittel von der Firma Nestmann: **Hustensaft Nestmann.** Neben Holunderblüten enthält er sehr viel Anissamen, Fenchelsamen, Lindenblüten, Thymiankraut, Huflattichblätter und Königskerzenblüten.

Dieser ausgezeichnete Hustensaft wirkt entzündungshemmend, schleim- und krampflösend und schützt insbesondere das Lungengewebe und die Bronchialschleimhaut. Daher lindert und heilt er bei krampfendem Reizhusten, auch bei Keuchhusten, allen Bronchienentzündungen und bei Heiserkeit. Da er sehr wenig Alkohol enthält, ist er auch für Kinder geeignet.

Holunder gegen Fieber, Schweißausbrüche und Katarrhe und bei Wechseljahrsbeschwerden der Frau

Bei fiebrigen Schweißausbrüchen – auch bei Hitzewallungen mit Schweißausbrüchen in den Wechseljahren der Frau und bei grippalen Infekten, insbesondere bei starkem Schnupfen mit verstopften Nasengängen und belegten Atemwegen – helfen homöopathische Aufbereitungen der Firma DHU (Deutsche Homöopathie-Union) aus den Blüten des Holunders: **Sambucus nigra e floribus**. Sie sind erhältlich als Kügelchen (Globuli) ab den Verdünnungen D1 und C1, als Tropfen (Dilutionen) ab C1 und als Tabletten ab D1 und C1.

Die Verdünnungen in Hunderter-Potenzen ab 1:100 heißen „C-Potenzen" (von lateinisch centum = hundert): C1 (1:100), C2 (1:10 000) usw.

Bei der anthroposophischen Firma WALA gibt es aus Holunderblüten homöopathisch verdünnte Injektionsmittel (als Ampullen) und Kügelchen (Globuli) zum Einnehmen: **Sambucus comp.** Das Heilmittel dient zur allgemeinen Regulation des Flüssigkeitshaushaltes, z. B. bei Wechseljahrsbeschwerden (Hitzewallungen, Schweißausbrüchen). Und es ist auch bei allergischen Erkrankungen der oberen Luftwege und Katarrhen angezeigt.

Salvia N – Synergon Nr. 27 – der Pharmafabrik Kattwiga hilft bei nächtlichen Schweißausbrüchen, bei deren Eindämmung der Holunder in D2 eine zentrale Rolle spielt neben dem ebenfalls übermäßiges Schwitzen erfolgreich lindernden Salbei in D3 und der Kieselsäure in D12.

Bei dem homöopathischen Heilmittel **Sambucus comp.** ist interessant, dass außer den Blüten auch Verdünnungen aus dem luftig weißen Mark der jungen Zweige beigegeben sind – ganz nach der speziellen Betrachtungsweise Rudolf Steiners. Und zusammen mit den Blüten werden die ganzen Trugdolden verarbeitet, also auch die Stängel mit ihren Gerb- und Bitterstoffen, die noch

Aus altem erfahrungsmedizinischem Wissen ist der Holunder als gut wirkendes Heilmittel für Frauen in den Wechseljahren bekannt, denn seine Inhaltsstoffe greifen in den Flüssigkeitshaushalt – der in diesen Jahren hormoneller Umstellung leicht entgleisen kann – regulierend ein.

durch homöopathisch verdünntes Lärchenharz verstärkt werden.

Auf ganz ähnlichem Anwendungsgebiet – bei übermäßigem Schwitzen allgemein, aber auch insbesondere nachts sowie bei Hitzewallungen – gibt es bei Infirmarius-Rovit die guten **Infi-Jaborandi-Tropfen**. Zu einem Zehntel ist hier auch der Holunder in D2 eingearbeitet, der zusammen mit den Jaborandiblättern in D3 die Schweißbildung anregt und ableitet. Dazu kommen der ebenfalls mit dem Schwitzen befasste Salbei in D2 sowie die nierenanregende Goldrute als Urtinktur und zur Beruhigung auch des Blutandrangs Baldrian in D2, außerdem noch einige Mineralien zur Stabilisierung des vegetativen Nervensystems und der Schilddrüsentätigkeit.

Das homöopathische Komplexmittel **Sambucus Komplex** der Arzneimittelfirma Nestmann ist bei immer wiederkehrenden Fieberschüben und Erschöpfung auslösenden Schweißausbrüchen angebracht. Auch immer wiederkehrende Erkältungskatarrhe sollen damit behandelt werden. Sambucus nigra ist hier in D2 enthalten neben Salbei (D2) und Eukalyptus (D3) sowie verschiedenen anderen Salzen und Naturprodukten.

Bei Blutandrang im Kopf, Schwindel, Wechseljahrsbeschwerden mit Schweißausbrüchen abwechselnd mit Kopfschmerz und Kältegefühl am ganzen Körper hilft Pflügerplex Erechthites 216, auch ein homöopathisch phytotherapeutisches Komplexmittel mit Holunder in flüssiger Form.

Ein weiteres gutes Heilmittel gegen Wechseljahrsbeschwerden, insbesondere wenn Migränen eine Rolle spielen, aber auch bei Schweißausbrüchen und Hitzewallungen, ist das flüssige Komplexmittel **Sanguinaria Similiaplex®** der Firma Pascoe. Der Holunder ist hier in einer Dilution der Verdünnungsstufe D3 gegen allzu starke Schweißbildung eingesetzt. Daneben enthält Sanguinaria Similiaplex® Wanzenkraut *(Cimicifuga)* in D3 gegen die Wallungen; die kanadische Blutwurz *(Sanguinaria)* in D2; Glonoinum, Nitroglyzerin in D4 gegen Kopfschmerzen; Lachesis (Gift der Buschmeisterschlange) in D8 gegen

Depression und Antriebsschwäche; die Tollkirsche *(Belladonna)* in D4 gegen den Blutandrang im Kopf; die Königin der Nacht *(Cactus)* in Urtinktur gegen Herzrhythmusstörungen; Bergwohlverleih *(Arnica)* in D3 gegen Kreislaufstörungen; Blasentang *(Fucus vesiculosus)* in D3 gegen Schilddrüsenüberfunktion und Tintenfisch *(Sepia)* in D3 gegen die Migränekrämpfe.

Bei Tages- und Nachtschweiß und bei sonstigen übel riechenden Hautschweißen (Achsel, Füße), aber insbesondere auch bei Tuberkulose ist **Pflügerplex Sambucus 122** zu empfehlen. Es besteht aus einer Dilution von 10 ml Sambucus nigra D2 auf 100 ml (als Heilmittel bei reichlichem Schwitzen mit zusätzlichen Beschwerden, Kopf- und Gliederschmerzen und sonstigem Unwohlsein). Unter anderem sind hier auch 20 ml Salbei in D2 beigegeben, dazu 20 ml Bärlapp in D6, der ganz besonders gegen übel riechende und klebrige Schweißbildung helfen soll.

Ein ganz wundervolles Kombinationsmittel gibt es bei der Firma Weleda zur Schleimlösung bei Katarrh: **Sambucus comp.** als Tropfen (Dilutionen). Es enthält neben Holunderbestandteilen in D3 die zur Entwässerung anregende Berberitzenfrucht in D6, Phosphor (D6) als Antriebskraft zur Schleimlösung und Teucrium in D4, das wie der Holunder die Atemwege freimacht und die Entzündungsvorgänge beschwichtigt.

Dieses Mittel ist auch für Säuglinge und Kleinkinder geeignet.

Holunder gegen Asthma, Bronchitis, Rachen-, Mandel- und Kehlkopfentzündungen

Bei schmerzhaft entzündlichen Erkrankungen des Nasen-Rachen-Raumes, Mandelentzündung und auch bei Kehlkopfentzündung hilft ein anthroposophisch-homöopathisches Kombinationsmittel der Firma WALA. Es ent-

Wir erinnern: Globuli bestehen aus Rohrzucker, auf denen die Arzneistofflösung angetrocknet wurde. Sie sollen möglichst nüchtern oder mindestens 10 Minuten vor einer Mahlzeit eingenommen werden. Man lässt sie unter der Zunge zergehen. Für Säuglinge müssen sie in einer kleinen Menge Wasser oder hellem Tee aufgelöst werden.

hält Substanzen aus den ganzen Dolden, Stielen mit Blüten und Wurzeln des Holunders, ist aber nach der Kermesbeere benannt: **Phytolacca comp.** Es enthält je 1 g Lösung aus den Wurzeln der Kermesbeere *(Phytolacca)*, aus Blättern des Spitzwegerichs *(Plantago)* und aus Holunderdolden und -wurzeln **(Sambucus e radice)**, zusammen mit Silbernitrat *(Argentum nitricum)* in D9. Phytolacca comp. gibt es als Globuli in der Einheitsgröße von 20 g.

Holunder als Nervenmittel

Nervenschmerzen – die so genannten Neuralgien – kommen am häufigsten im Gesichtsbereich, aber auch im Bereich des Ischiasnervs vom unteren Rücken bis über Ober- und Unterschenkel und an den Fußsohlen vor. Es liegt immer eine Belastung oder Reizung des Nervs vor bzw. eine Schwäche aufgrund einer früheren Belastung oder Reizung. Neuralgische Schmerzen sind sehr heftig, bohrend, stechend und wühlend. Sie treten als Koliken im relativ regelmäßigen Rhythmus über den Tag verteilt auf – oft in vierstündigen Abständen.

Neben den einschlägigen antineuralgischen Arzneimitteln kann ein Tee aus Holunderblüten beruhigend wirken. Er kann auch mit Baldrian oder Melisse gemischt werden.

Als Nervenmittel und zur Regulation der biologischen Rhythmen (Tag-Nacht-Rhythmus bei Einschlafstörungen) gibt es von der Firma Weleda ein Heilmittel aus dem Mark der Holunderzweige – **Sambucus nigra, Medulla**: Urtinktur (mit 5 % bzw. 36 % Alkoholgehalt), D2 (mit 36 % Alkoholgehalt) und D3 (mit 18 % Alkoholgehalt).

Bei akuten Fieber- und Nervositätszuständen, gekoppelt mit Unruhe und Angst, vor allem bei Störungen des vegetativen (unbewussten) Nervensystems (dazu gehören beispielsweise Atmung, Verdauungssystem, Wasserhaushalt, Körpertemperatur), gibt es mit dem **Fieber- und Nervenmittel 1 Aconitum cp. D10** der spagyrischen Firma ISO Streukügelchen (Globuli) zum Einnehmen. Dieses Heilmittel stellt eine außergewöhnliche Mischung und eine besonders intensiv wirkende Aufbereitung dar.

Hierbei ist spagyrisch hergestellte Holunderlösung in Verdünnung D10 mit dem Echten Sturmhut (*Aconitum napellus*: bei allen akuten Erkrankungen mit Angst und Unruhe), mit Rosskastanie (*Aesculus hippocastanum:* bei Stauzuständen, pulsierenden Venen und Schwellungen), Berberitze (*Berberis vulgaris:* zur Steigerung der Abwehrkräfte, bei Müdigkeit und Erschöpfung), Isländisch Moos (*Cetraria islandica:* für die Schleimhäute der oberen Luftwege, zur allgemeinen Kräftigung), Tausendgüldenkraut (*Erythraea centaurium:* zur Gewebeentsäuerung und bei Leberstau) und Silberweide (*Salix alba:* bei Venenstau) kombiniert worden.

Holunderblüten haben eine positive Wirkung auf das zentrale Nervensystem.

Bei der Firma WALA gibt es **Malvenöl** als Massageöl bei nervöser Erschöpfung und zur Wiederherstellung der Kräfte nach längeren oder schwereren Krankheiten. Diesem Öl wurden ölige Auszüge aus Holunder-Trugdolden mit Blüten beigemischt, da den Holunderblüten eine positive Wirkung auf das zentrale Nervensystem zugeschrieben wird. Das Malvenöl von WALA enthält außerdem auch noch Johanniskraut-Ölauszug, Lindenblüten, Schlehenblüten und ätherisches Öl aus Geranien. Die Anwendungsgebiete dieses sehr empfehlenswerten Öls sind: Anregung des Stoffwechsels über Einreibung in die Haut bei allgemeiner körperlicher Schwäche und in Zeiten der Genesung, aber auch bei Nervosität, Überarbeitung und Schlaflosigkeit.

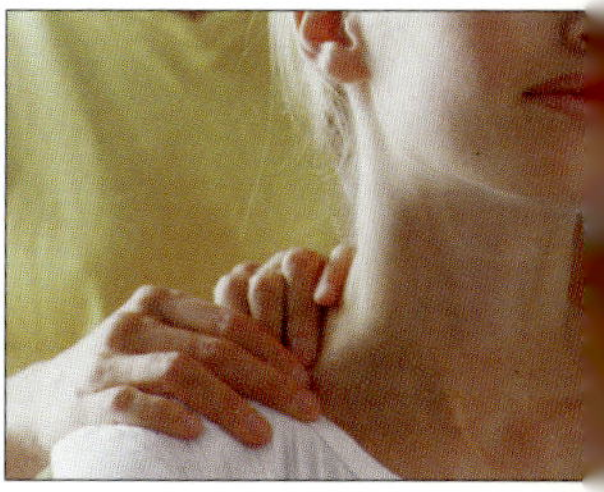

Massageöl aus Holunder wirkt auf das zentrale Nervensystem.

Holunder gegen Hautleiden und Hämorrhoiden

Die Holunderbestandteile aus der Rinde wirken unterstützend bei Hautleiden und bei Hämorrhoiden. So gibt es bei der DHU (Deutschen Homöopathie-Union) **Sambucus nigra e cortice** (Rinde) als Globuli (Kügelchen, die im Mund zergehen) ab der Verdünnung D1 und C1. In flüssiger Form als Dilutionen sollen die Tropfen etwa eine halbe Minute auf die Mundschleimhaut einwirken. Erhältlich sind daraus auch Tabletten ab den Verdünnungen D1 und C1.

Globuli und Ampullen für die Injektionstherapie gibt es als spagyrische Aufbereitung des Dr. med. Zimpel bei der Firma Stauffen-Pharma. (Dr. Zimpel war ein Arzt, der vor 100 Jahren nach der Lehre des Paracelsus zahlreiche spagyrische Heilmittel anfertigte.)

Als Flüssigmittel – sowohl zum Einnehmen als auch bei Bedarf zum Einreiben bzw. für Umschläge – ist bei der spagyrischen Heilmittelfirma ISO der Holunder mit eingearbeitet in das **Populus cp Fluid**. Es wird bei Venenstau, offenen Beinen, chronischen Entzündungen der Haut und der Schleimhäute, Eiterbildungen unter der Haut, Fisteln und Geschwüren angewendet.

Hauptmittel ist hier die Pappel in zweierlei Arten: Silberpappel (*Populus alba:* als Entgiftungsmittel bei harnsaurem Stoffwechsel) und Zitterpappel (*Populus tremula:* bei Blasenkatarrhen und verstopften Harnwegen). Außerdem enthält das Fluid neben dem Holunder (für die oberen Atemwege und zur Ausleitung über die Haut durch Schwitzen und Schleimabgänge) noch den kräftigenden und schleimlösenden Eibisch aus den Blättern und der Wurzel. Er ist auch für das mit dem Hautgeschehen eng gekoppelte Magen-Darm-Gebiet von äußerst positiver Bedeutung, weil er Verschleimungen löst und Gifte ausleitet. In ganz ähnlicher Funktion ist hier auch der Schierling beigegeben, außerdem die Blutungen stillende virginische Zaubernuss und die bei Hautausschlägen erfolgreiche Kermesbeere.

Holunder gegen Gewebewassersucht

Sehr bewährt ist der Holunder auch bei Wasseransammlungen (Ödemen) in den Geweben, insbesondere in den Füßen und im Kopfbereich. Auch für diese und angrenzende Anwendungsgebiete gibt es sehr überlegt zusammengestellte Komplexmittel, so z. B. in homöopathisch-spagyrischer Aufbereitung der Heilmittelfirma Pekana das Flüssigmittel **apo-OEDEM®**. Sambucus nigra als Urtinktur ist hier gekoppelt mit der Rosskastanie *(Aesculus)* in D1 gegen allgemeine Schwellungen und Venenstau; mit dem Hanfartigen Hundswürger *(Apocynum cannabinum)* in D2 gegen Wasseransammlungen durch Herz-, Leber- und Nierenschwächen; dazu Maiglöckchen *(Convallaria)* gegen Herzschwäche; Christrose *(Helleborus)*, die auch auf Herz- und Nierenödeme einwirkt; Lebensbaum *(Thuja)* gegen entzündliche Aufschwemmungen; Echtes Mädesüß *(Spiraea ulmaria)* gegen Unterhaut-Ödeme; zuletzt Maisspitzen gegen Wasseransammlungen im Kopf.

Holunder wirkt gut gegen Wasseransammlungen in den Geweben, vor allem in den Füßen und im Kopfbereich.

Bei der Firma Infirmarius-Rovit dient als Entwässerungs-Komplexmittel mit der Goldrute im Zentrum und unter besonderer Rücksicht auf Herzbelastungen das Mittel **Löwe-Komplex Nr. 13 Entwässerung**. Auch hier ist der Holunder in D3 zu einem Zehntel eingearbeitet. Bei Wassersucht aufgrund von Herz- oder Nierenschwäche sowie bei Schwellungen aller Art (auch der Augenlider) arbeiten mit dem Holunder: die Goldrute in D6 als Entwässerungsmittel über die Niere; Bienengift in D6 gegen alle Arten von Schwellungen; die Quecke in D4 gegen Herz-, Nieren- und Bauchwassersucht; und auch hier das Maiglöckchen (D6) gegen Herzschwäche, verstärkt durch den Roten Fingerhut gegen Herzmuskelschwäche.

Die große Drei-Wochen-Holunderkur

Pfarrer Kneipp hat den Holunder als hervorragendes Blutreinigungsmittel gepriesen. Er berichtet, dass seine Mutter einmal im Jahr eine zwei- bis dreiwöchige Holunderkur durchführte, und verweist sogar auf die Zugvögel, die vor ihren großen Wanderzügen im Herbst gezielt die Früchte des Holunderbaumes aufsuchen, „um ihr Blut zu reinigen und ihre Natur zur weiteren Wanderung zu stärken". Wir wollen es ihm nachmachen mit einer dreiwöchigen Holunderkur – entweder im Herbst zur Vorbeugung gegen Grippe und Erkältung oder zur Zeit der Holunderblüte als Frühjahrskur.

Diese Kur sollte eine Vorbeugungskur sein. Da die große Erkältungs- und Grippezeit ab Oktober einzusetzen pflegt, sollte diese Kur vier bis sechs Wochen vorher durchgeführt werden – am besten also ab Ende August und im September. Aber natürlich kann man die Kur ebenso gut als Frühlings- oder Frühsommerkur dann ansetzen, wenn ab Ende Mai die Holunderblüte beginnt, um mit frischen Blüten in Tees, Hautwasser, Badezusätzen und Auflagen besondere Wirkungen zu erzielen.

Was ist unter „Blutreinigung" zu verstehen?

Es ist sehr wichtig, darauf zu achten, dass unser Säure-Basen-Haushalt nicht aus dem Gleichgewicht gerät.

Im wortwörtlichen Sinn kann keine Kur das Blut „reinigen": Denn unser Lebenssaft würde im verunreinigten Zustand zu unserem Tod führen. So sorgen die Regulationen unseres Körpers ständig dafür, unser Blut bei einem konstanten Säurewert zu halten – einem pH-Wert von 7,37–7,43. Wenn unser Organismus derartig übersäuert ist, dass diese Übersäuerung notgedrungen auch auf das Blut übergreift, sind wir in Lebensgefahr. Übrigens gilt das auch für den Fall, dass unser Körper in ein allzu basisches Milieu gerät und auch der Blutsäurewert zu basisch wird. Wir sprechen heute immer öfter von dem Säure-Basen-Gleichgewicht in unserer täglichen Ernährung.

Die Blutreinigungskur ist eine Kur für alle Körpersäfte, die sämtliche kurmäßigen Maßnahmen für eine verstärkte Ab- und Ausleitung der unseren Körper übermäßig belastenden Giftstoffe bündelt.

So wie „saurer Regen" unsere Umwelt versäuert, wie ein Übermaß an Schad- und Giftstoffen unsere Seen und Flüsse zum „Umkippen" gebracht hat, so haben heute ein Übermaß an tierischer Eiweißnahrung, ein Übermaß an Genussmitteln wie Süßigkeiten, koffeinhaltigen Getränken, Nikotin, Alkohol und Drogen aller Art (auch chemische Arzneidrogen), aber auch der viele Stress und die zahlreichen Umweltschadstoffe bei vielen Menschen das gesunde Säure-Basen-Gleichgewicht zugunsten der Säuren verändert.

Wir sprechen auch hier von einem „Umkippen“ im Sinne einer krankhaften Veränderung unseres natürlich-gesunden Säftemilieus, von einer Säfteverunreinigung. Diese betrifft alle Körpersäfte: das Blut und die Lymphe ebenso wie sämtliche Drüsensäfte, Bauchspeicheldrüsen-, Gallen-, Magen-, Darmsäfte, Urin, Speichel und Schweiß.

Damit ist für die verschiedensten so genannten „Zivilisationserkrankungen“ die Grundlage gelegt: allen voran Herz-Kreislauf-Erkrankungen, gefolgt von Allergien aller Art, Magen-Darm- und Lebererkrankungen, Stoffwechselerkrankungen wie Diabetes bis hin zu den verschiedensten Zellentartungen, die Krebs zur Folge haben.

Regulierung des Säure-Basen-Gleichgewichts und Säftereinigung

Mit einer „Blutreinigungskur“ sollte daher eine Regulierung des Säure-Basen-Gleichgewichts einhergehen. Man sollte also für die Kur eine Zeit wählen, in der man gezielt alle versäuernden Nahrungsmittel vermeidet. Zusätzlich sollte eine Säftereinigung mithilfe gut ausleitender Pflanzendrogen durchgeführt werden – wie hier mit dem Holunder in all seinen Bestandteilen und mit anderen Heilpflanzen, die ihn zusätzlich unterstützen und ergänzen.

Im Rahmen einer Blutreinigungskur sollte stets auch entsäuert werden.

Zu dieser Kur gehören ebenso verstärkte Maßnahmen für ein besonders intensives Ausschwitzen und Abführen (Fuß- und Vollbäder, Bettruhe, Packungen und Wickel, Einläufe für den Darm oder die therapeutisch geleitete Colon-Hydro-Therapie zur Darmreinigung) wie Atem-

Die Grundpfeiler einer solchen Kur sind: Ausatmen, Ausschwitzen, Ausleiten und Abführen.

Schon Pfarrer Kneipp wusste: „Alle Krankheiten haben ihren Keim in Störungen des Blutes, mag dieses in seiner Zirkulation gestört oder in seiner Zusammensetzung verdorben sein."

übungen an der frischen Luft, Spaziergänge, Trockenbürsten und Wechselduschen.

Dann kann diese „Blutreinigungskur" letztlich auch einiges an unserem Blut verbessern: Fett- und kalkhaltige Ablagerungen in den Arterien lösen sich, die Wände unserer Blutgefäße werden wieder elastischer und die Gefäße selbst besser durchblutet bis hin zu den feinsten Kapillargefäßen. Den gefürchteten Thrombosen (Staus und Verengungen in den Blutbahnen) wird mit dieser Kur vorgebeugt, die Fließeigenschaften unseres Blutes werden verbessert, der Blutdruck normalisiert sich.

Welche Maßnahmen sind für eine Blutreinigung wichtig?

Unter Baunscheidtieren versteht man die Erzeugung eines künstlichen Ausschlags, um die Ausleitung von Giftstoffen aus dem Körper und die Immunabwehr zu verstärken. Mithilfe eines Nadelrollers werden Hautflächen unblutig gereizt. Die anschließende Einreibung mit einem Spezialöl verstärkt die Bildung künstlicher Pusteln, die nach 24 Stunden von selbst wieder verschwinden.

Alle Organe unseres Körpers, die mit Entgiftungs- und Ausscheidungsfunktionen bedacht sind, sollten bei einer Blutreinigungskur ganz besonders angeregt, unterstützt und – so weit wie möglich – erneuert werden. Dazu gehören:

- **Die Haut:** Bürsten, Reiben, Kälte- und Wärmereize, Schwitzen; als naturheilkundliche Anwendung beim Heilpraktiker oder Naturarzt: Schröpftherapie, Baunscheidtieren.
- **Die Lungen:** Atmen, Frischluft, Inhalationen von Blütenaufgüssen; als naturheilkundliche Anwendung beim Heilpraktiker oder Naturarzt: Ozon-Eigenblut-Therapie, Inhalationen.
- **Der Darm:** Einläufe, Trinken von salinischen Wässern (F. X. Passagesalz = Magnesiumsulfat oder Glaubersalz); als naturheilkundliche Anwendung beim Heilpraktiker oder Naturarzt: Colon-Hydro-Therapie mit Darmaufbau, Darmmassagen.

- **Leber und Galle:** Heilpflanzen-Tees, reichliches Trinken, feuchtwarme Leberpackungen; eventuell Mariendistel- und Artischockenpräparate nach Rezeptierung durch den Heilpraktiker oder Naturarzt.
- **Die Nieren:** Heilpflanzen-Tees, reichliches Trinken, lauwarmer Natrontrunk vor dem Schlafengehen zum entsäuernden Ausleiten der Giftstoffe (1 EL auf $^1/_4$ l körperwarmes Wasser, zügig trinken, reichlich nachtrinken!); evtl. Goldruten-, Vogelknöterich- und Besenginster-Präparate und andere je nach Rezeptierung durch den Heilpraktiker bzw. Naturarzt.

Goldrute, Vogelknöterich und Besenginster haben eine entwässernde Wirkung.

- **Die Lymphe:** Heilpflanzentees, reichliches Trinken, sanfte Eigen-Lymphmassagen, z. B. in den Leistenbeugen, kreisend auf der Bauchdecke; als naturheilkundliche Anwendung beim Heilpraktiker oder Naturarzt: Kanthariden-Pflaster; eventuell Lymphdrainage. (Das Kantharidenpflaster mit dem Wirkstoff der Spanischen Fliege wird zur Ausleitung und Lymphaktivierung aufgetragen und verursacht eine künstliche Brandblase wie bei einer Verbrennung. Diese Brandblase transportiert Lymphflüssigkeit, die Schad- und Abfallstoffe enthält, aus dem Gewebe nach außen. Die Blase wird einen Tag später punktiert, um die giftige Lymphflüssigkeit zu entnehmen.)
- **Der Blutkreislauf:** blutreinigende Heilpflanzentees, Atemgymnastik, Trockenbürstungen zum Herzen hin; als naturheilkundliche Anwendung beim Heilpraktiker bzw. Naturarzt: Aderlass bei Bluthochdruck, blutiges Schröpfen zur verstärkten Giftausleitung, Hämodilution. (Dies ist ein Aderlass mit gleichzeitiger Infusion einer Kochsalzlösung zur Blutverdünnung. Diese Maßnahme hilft bei „dickem Blut“ mit Infarkt- bzw. Thrombosegefahr.)

Grundregeln für die Kur

- **Verzicht auf alle säuernden Genussmittel:** Kaffee, Kakao, Schwarztee, Nikotin, Alkohol, Sprudel- und Industriegetränke, Süßigkeiten.
- **Verzicht auf jedes tierische Eiweiß:** keine Molkereiprodukte, keine Eier, kein Fleisch, kein Fisch. Erlaubt: kaltgeschlagene Sahne, Butter (Bioland, Demeter, Landliebe) – sie gelten als Fett!
- **Nahrungsmittel-Ergänzung mit Aminosäurenkomplex** (um den Energieverlust durch Verzicht auf tierisches Eiweiß auszugleichen): Biorondocta von Kyberg (aus der Apotheke); zusätzlich ein Kalziumpräparat: Metz Minaktiv aus gemahlenen Kakteenpflanzen von Dr. Metz (aus der Apotheke).
- **Verstärkte Vitamin-C-Versorgung:** mit einem morgendlichen frisch gepressten Orangensaft und einem abendlichen frisch gepressten Rosa-Grapefruit-Saft.
- **Trockenbürsten:** morgens, noch im Bett beginnen; nach heißem Abduschen und Aufwärmen des Körpers gut kalt nachduschen: von den Fußsohlen über die Innenseiten der Schenkel nach den Außenseiten und die Arme hoch zum Herzen zu!
- **Atemübungen am offenen Fenster, viel frische Luft tagsüber, Spazierengehen im Wald, Stress abschalten:** wenig/keine Zeitungen, Fernsehen einschränken, spätestens um 22 Uhr zu Bett, Telefonate reduzieren, Einladungen vermeiden.

- **Holunder-Inhalationen:** Frische oder getrocknete Blüten mit kochend heißem Wasser übergießen, Gesicht über den Dampf halten mit Frotteetuch über dem Kopf. Achtung: Bei Neigung zu Couperose (geplatzten Äderchen auf den Wangen) zuvor Fettcreme auf die Stellen auftragen!

- **Holunder-Fußbad am Abend für besseres Einschlafen:** Einen länger aufgekochten Absud aus Blüten, Blättern und etwas Rinde bzw. Wurzel dem Fußbadewasser beifügen. Das Wasser soll anfangs nur lauwarm sein. Es wird nach und nach heißes Wasser zugeschüttet, sodass die Temperatur allmählich ansteigt (Badedauer 20 Minuten).

- **Holunder-Brustwickel als Schwitzpackung für die Schwitzkur** (Entgiftung über die Haut, einmal pro Woche): Das innere Tuch (Küchenhandtuch oder Windel) wird in Holunderwasser getaucht, ausgewrungen und sofort um den Oberkörper geschlungen. Darüber kommt ein Frotteetuch; dann wird der gesamte Oberkörper in ein Wolltuch eingeschlagen. Danach im Bett zugedeckt so lange ruhen, bis der Körper mit Schwitzen reagiert. Ob der innere, feuchte Wickel heiß oder kalt sein soll, richtet sich nach Ihrer Konstitution. Fragen Sie ihren Naturheil-Therapeuten um Rat!

- **Holunder-Leberpackung** (am besten zur nachmittäglichen Siesta oder auch am Abend): Zerdrückte Holunderblüten, Holunderblätter und einige Rindenteilchen in etwas Milch zu einem dicken Brei zerkochen lassen. Gut warm auf die Lebergegend (Bereich des rechten Rippenbogens) streichen, mit einem Leinenlappen abdecken, ein Frotteetuch und ein Wolltuch darüber legen und eine Stunde Bettruhe einhalten.

Der besondere Einsatz des Holunders bei der Blutreinigungskur

Eine gute und erfolgreiche Blutreinigungskur sorgt dafür, dass sich „alle Schleusen öffnen". Nur so können Schlacken und Giftstoffe, die sich unvermeidbar in unserem Organismus ansammeln, wirklich nachhaltig abgeführt und ausgeleitet werden.

Holunderbeeren – frisch oder auch getrocknet, je nach Jahreszeit – reinigen Nieren und Magen und sorgen dafür, dass man während der Kur besser von seinen überschüssigen Fettpolstern erlöst wird. Aber bitte beachten: Frische Beeren immer kurzzeitig erhitzen und die Samenkerne durch Passieren entfernen!

Der Holunder – direkt angewendet mit den frischen oder getrockneten Blüten und Blättern, Rinden- und Wurzelteilen, frischen oder getrockneten Beeren (als Heiltee, in Auflagen, Wickeln oder Kompressen) oder in seinen verschiedenen Verarbeitungen (als Saft, als Heiltee, als homöopathisch-spagyrische Zubereitung oder als medizinischer Sirup) – ist für eine Entgiftungskur von außergewöhnlich guter und vielseitiger Wirksamkeit.

In verschiedenen Tee-Mix-Varianten und als Saft regt der Holunder während der Kur unser Immunsystem an und hilft zugleich, Gifte über Niere, Darm und Haut auszuleiten. In homöopathisch-spagyrischen, auch anthroposophischen Verarbeitungen – die am besten ein erfahrener Heilpraktiker oder Naturarzt individuell verordnen sollte – wirkt der Holunder regulierend auf unser Biosystem ein und bringt Ordnung in das Chaos. Unser Schlaf-wach-Rhythmus kommt so wieder in sein natürliches Gleis, Wasser- und Schlackenansammlungen werden aus den Geweben geleitet, unsere Seele wird ruhiger und gleichmütiger.

Eine nähere Beschreibung des nervenberuhigenden Malvenöls mit Holunderblüten-Zusatz finden Sie auf Seite 69.

Das abendliche Fußbad, das Vollbad mit einem Sud aus Holunderblüten und -blättern, wohltuende Ölmassagen mit dem Malvenöl (Weleda), das Holunderblüten-Substanz enthält, sowie die gelegentliche Inhalation (Dampfeinatmung über Holunderblütensud mit einem Frotteetuch über dem Kopf) können als äußerliche Anwendungen die innerlichen ergänzen.

Wichtig und entscheidend für die erfolgreiche Entgiftung bei der Holunderkur ist es, das Flavonoidspektrum verschiedener blutreinigender Heilpflanzen zusammen mit den blutreinigenden Holunderbestandteilen in Teekompositionen während der Kur auszunutzen. Denn die Flavonoide scheinen stark zusammenzuwirken, um den Körper vor bestimmten Giften und Schädigungen zu schützen. Ohne dass man heute schon ganz genau wüsste, wie das vor sich geht, ist dennoch bekannt, dass diese besonderen Stoffe unsere Zellmembranen schützen.

Flavonoide sind Inhaltsstoffe im Pflanzenzellsaft mit antioxidativen, immunstärkenden und blutverdünnenden Eigenschaften.

Man sollte daher Holunderblüten und Holunderblätter, Lindenblüten und Birkenblätter sowie Wacholderbeeren mit getrockneten Holunderbeeren kombinieren, da diese Heilpflanzenbestandteile das gesamte Flavonoidspektrum bestens abdecken. Die Tee-Mix-Zusammensetzungen können während der gesamten Kurzeit konstant bleiben, ganz individuell auf Ihre persönlichen Bedürfnisse eingestellt. Es könnte aber auch von Vorteil sein, verschiedene Tee-Variationen einzusetzen.

Eine Verjüngungskur durch Entsäuern und Entschlacken

Damit während der Kur eine optimale Ausleitung von Giften und Schlackenstoffen aus den Geweben und Organen erfolgt, empfehlen wir das regelmäßige Entsäuern mithilfe von Natron (Natriumbikarbonat, z. B. Kaiser Natron). Wer gegen den Natrontrunk zu viel Widerstand hat, kann auch auf Tabletten von der Firma Syxyl (Basosyx comp. Syxyl) ausweichen, die ebenfalls ein gut basisches Milieu herstellen. Diese Entsäuerung sollte man eigentlich noch sehr viel länger durchführen, am besten über mindestens ein halbes Jahr. Entsäuerungs-Experten raten sogar zu lebenslangem Entsäuern!

Das Rezept für den Natrontrunk: Abends vor dem Schlafengehen, mit Abstand zur letzten Mahlzeit, 1 EL Natron auf $^1/_4$ l körperwarmes Wasser in großen Schlucken zügig austrinken und mit reichlich klarem Wasser oder hellem Kräutertee nachtrinken.

Streifen zur Messung des Urin-pH-Werts sind in der Apotheke erhältlich. Wenn sich trotz Natrontrunk bzw. Basosyx-Tabletten Ihr pH-Wert unverändert zeigt – entweder zu sauer (unter 7,5) oder zu basisch (über 7,5) –, sollten Sie einen Heilpraktiker oder Naturarzt zur Beratung aufsuchen!

Alternative zum Natrontrunk: 4–5 Basosyx-Tabletten unzerkaut mit $^1/_4$ l klarem Wasser schlucken.

Wichtig ist, als grobe Kontrolle unserer Gewebeversäuerung bzw. unseres basischen Reaktionsvermögens jeden Morgen den ersten Urin über einen Messstreifen zum Messen des Urin-pH-Wertes zu halten. Wenn trotz unseres Natrontrunks bzw. der Basosyx-Tabletten der Urin-pH-Wert unter 7,5 liegt, sollten wir gleich am Morgen noch einen Nachtrunk machen bzw. noch 2–3 Basosyx-Tabletten einnehmen. Liegt der Wert bei 8 oder höher, können wir die Menge des Natrons bzw. der Tabletten am Abend reduzieren.

Holunder ist für unsere Entschlackungskur deshalb so gut, weil er ganz besonders günstige Wirkungen auf den Wasserhaushalt des Körpers besitzt. Wenn wir mit seiner Hilfe entgiften und entschlacken, beseitigen wir ganz nebenbei alte, sonst versteckt festsitzende Katarrhe, Rheumatismus und Gicht.

Zerkauen Sie über den Tag verteilt öfter mal ein paar Wacholderbeeren! Das entwässert und regt die Leber- und Gallenfunktion an.

In der alten Volksmedizin gilt der Wacholder als ideales Begleitmittel zum Holunder. Der Wacholder ist ein Kieferngewächs von großer Zähigkeit und Kraft und unterstützt den Holunder bei seinen verjüngenden Wirkungen. Wacholder wirkt auf die Nierentätigkeit und beseitigt so jede Verschleimung, Steinbildung, Gicht und Rheuma.

„Blutreinigung“ durch Zufuhr von Fruchtsäuren

Fruchtsäuren, die in jeder Art von Obst und auch in reifen Holunderbeeren enthalten sind, besitzen in hohem Grade die Fähigkeit, unser Blut zu entgiften und seine Fließeigenschaften und damit seine Beschaffenheit (Konsistenz) zu verbessern. Das Hauptgeschehen dieses Reinigungsvorgangs spielt sich im Darm ab. Die Fruchtsäuren wirken sich im Darm auf den Wasseraustausch und den Flüssigkeitshaushalt innerhalb und außerhalb der Darmwände aus.

Fruchtsäuren regen die Darmperistaltik an und wirken Basen bildend.

Da die Fruchtsäuren vermehrt Wasser in den Darm ziehen, regen sie zugleich die Darmmuskulatur zu verstärkter Tätigkeit an. Bei der weiteren Verstoffwechselung verlieren die Fruchtsäuren ihre Säure und werden basisch.

Fruchtsäurereiche Beeren wie der Holunder tragen daher trotz ihres Säurereichtums nach der Verarbeitung in den Körperzellen zu einem Überschuss an Basen im Körper bei. Dieser Überschuss ist bei unserer Kur so wichtig, denn er vermag die Säureschlacken in unseren Geweben zu lösen. Ausreichende Zufuhr an ausleitender Flüssigkeit (wie mithilfe der zusätzlichen Blüten- und Blättertees) bewirkt dann die Abfuhr der so gelösten Schlacken.

Unser Holunderblüten-Teegemisch für die optimale Reinigungswirkung

Zugleich sorgen die richtigen Blüten- und Blätterzusammenstellungen bei den Tees für eine Stärkung der Immunabwehr – die beste Vorbeugung gegen Grippeviren und sonstige schwächende Einflüsse in den kommenden Schlechtwetter-Zeiten des Spätherbsts. Denn gerade die Holunderblüten enthalten zahlreiche Flavonoide, die sie zu einem „Mittel der unspezifischen Resistenzsteigerung“ machen, also zu einem hervorragenden Immunabwehrmittel.

Holunderblüten haben eine immunsteigernde Wirkung – vor allem wenn man sie noch mit Lindenblüten und Birkenblättern vermischt.

Zum vorbeugenden Gebrauch der immunsteigernden Holunderblüten wird allgemein empfohlen, etwa sechs Wochen vor der zu erwartenden Belastung (Grippewelle, Sonnenbelastung im Urlaub, Prüfungsstress usw.) täglich 1 bis 2 Tassen Holunderblütentee zu trinken – allerdings nicht heiß, wie im Erkältungsfall, sondern nur mit Zimmertemperatur.

Um dem Organismus ein möglichst breites Spektrum an Flavonoiden zuzuführen, empfehlen wir, Holunderblüten zu gleichen Teilen mit Lindenblüten und Birkenblättern zu mischen, die allesamt einen hohen Gehalt an verschiedenen Flavonoiden haben.

Da wild wachsende Sträucher und Bäume ihre Inhaltsstoffe je nach Standort und Wuchsbedingungen in unterschiedlichen Konzentrationen enthalten können, sollte man Blüten und Blätter für eine Kur grundsätzlich in der Apotheke erwerben. Dort gibt es nämlich ganz genaue Vorschriften für die Heilpflanzen, die auch ständig überprüft werden, um eine bestimmte Wirkungsintensität zu garantieren. Die Dichte an Flavonoiden z. B. kann man mithilfe der Dünnschichtchromatographie sehr genau feststellen.

Genaue Anleitungen für das Sammeln, Trocknen und Lagern von Holunderbestandteilen finden Sie in dem Kapitel „Holunder sammeln und selber anbauen“ (Seite 89).

Wer selber sammelt und seine Sträucher und Bäume kennt, der sollte sich unbedingt an die Sammelvorschriften halten, da sonst der Wirkstoffgehalt der Blüten und Blätter sehr beeinträchtigt sein kann. Als Grundregel gilt: Der Wirkstoffgehalt von Blüten ist am stärksten an dem Tag, an dem sie erstmals aufgehen. Mit jedem Tag danach lässt der Gehalt nach.

Das Standardrezept für den Tee

Es ist zu empfehlen, jede Tasse frisch anzusetzen. Pro Tasse 1–2 TL des Blüten-Blätter-Gemischs mit siedendem Wasser übergießen, bedeckt 10 Minuten ziehen lassen, dann abgießen und schluckweise trinken. Es gibt 3 Tee-Varianten für die Kur:

▶ **Basistee für die Immunabwehr allgemein**
Holunderblüte, Lindenblüte und Birkenblätter jeweils zu gleichen Teilen vermischt, z. B. je 20 g.

▶ **Kurtee für Immunabwehr und Magen-Darm-Schonung**
Holunderblüte, Lindenblüte und Kamillenblüte, jeweils zu gleichen Teilen vermischt, z. B. je 20 g.

▶ **Kurtee für Rheumatiker**
Holunderblüte, Mädesüß, Schlüsselblume und Birkenblätter jeweils zu gleichen Teilen vermischt, z. B. je 20 g.

▶ **Extra-Tipp für besonders nachhaltige Entfettung und Entgiftung**
Getrocknete Holunder- und Wacholderbeeren können zusätzlich die Teekur bereichern, indem man jeder Tasse je 2 Beeren, mit dem Mörser zerdrückt, beifügt. Wacholderbeeren können zwischendurch auch zerkaut werden! Sie entwässern zusätzlich und stärken die Verdauungskraft und den Leber-Galle-Stoffwechsel.

Es empfiehlt sich, ca. 4–5 Tassen Tee schluckweise über den Tag verteilt zu trinken. Eventuell kann man den Tee auf Zimmertemperatur abkühlen lassen, um den Organismus nicht zu sehr zu belasten!

Mädesüß enthält neben Flavonoiden eine Vorstufe der Salicylsäure, des Hauptwirkstoffs von Aspirin. Daher wirkt diese Blüte sehr gut gegen Schmerzen und Bewegungseinschränkungen bei Rheuma. Die Schlüsselblume enthält Wirkstoffe gegen Schmerzen und hilft bei Gelenk- und Muskelrheuma.

Verschiedene Rezepte zur Blutreinigung

Zusätzlich zu den Standardtees und den anderen oben beschriebenen Maßnahmen kann man verschiedene Tees und Liköre zur Blutreinigung einnehmen.

Frische Blutreinigungstees zum Abwechseln:

Frische Knospen oder Sprösslinge von Brombeeren, Himbeeren, Weiden, Birken, Tannen und Holunder sammeln, zermörsern, mit kochendem Wasser übergießen, nach zehnminütigem Ziehen absieben und vor dem Essen schluckweise trinken: 1 Tasse pro Tag.

Selbst gemachter Blutreinigungs- und Aktivierungs-Likör:

20 g frische Bärlauchblätter, 30 g getrocknete Holunderbeeren, 30 g getrocknete Wacholderbeeren und 40 g geschnittenes Süßholz werden mit 1 l Obstbranntwein vermischt und 10 Tage lang stehen gelassen. Danach durch ein Leinen- oder Mulltuch filtrieren und in eine dunkle Glasflasche geben. Als Frühjahrskur täglich 1 Likörglas voll davon trinken.

Für all diejenigen, die keine Zeit haben, die Zutaten für ihre Blutreinigungskur selbst zu sammeln, gibt es auch sehr gute fertige Blutreinigungstees in der Apotheke.

Blutreinigungs-Medizinaltee aus der Apotheke:

Ein praktischer Fertigtee für dreiwöchige Blutreinigungskuren für alle Jahreszeiten ist **DEFAETON N**, der Abführ- und Blutreinigungstee der spagyrisch-homöopathischen Heilmittelfirma Pekana.

100 g Gesamtmenge enthält 10 g Holunderblüten. Ihre krampflösende, dazu leicht abführende, harn- und schweißtreibende Wirkung prädestiniert die Blüten zugleich dafür, Gifte aus den Blutbahnen auszuleiten und

die Fließeigenschaften des Blutes zu verbessern. Dazu kommen 3,5 g Boldoblätter: ein natürliches Leber-Galle-Mittel, das nachweislich den Gallenfluss bis zum Fünffachen steigert.

Für eine erfolgreiche Blutreinigungskur ist auch entscheidend, wie gut der Darm gereinigt und entlastet wird. Beim DEFAETON-Blutreinigungs- und Abführtee sorgen hierfür die Sennesblätter, die mit 30 g reichlich beigegeben sind. Sie wirken sehr erfolgreich bei Neigung zu harten Stühlen und Verstopfung, denn sie fördern die Wasseraufnahme des Stuhls. Damit erzeugen sie einen weichen Stuhl, weshalb sie auch bei Hämorrhoidenleiden günstig sind, die oft mit chronischer Verstopfung einhergehen. Zusätzlich enthält dieser Tee noch 2,5 g Kaliumsalz (Calium tartaricum), das dafür sorgt, dass sich der Stuhl im Enddarm wieder mit Wasser anreichert und damit gleitfähiger wird.

Boldo ist eine exzellente „Müllabfuhr“: Die Wirkstoffe bauen Blähungen ab, die Bitterstoffe wirken beruhigend auf die Magentätigkeit ein, und die entwässernden Eigenschaften sorgen für gute Ausleitung insbesondere der Harnsäure und sonstiger Schlacken in den Blut- und Lymphbahnen.

Hinzu kommt noch das für einen aktiven Leberstoffwechsel so wichtige Schöllkraut (20 g). Die Leber ist ja die größte Entgiftungszentrale des Körpers und daher muss jede Blutreinigungskur auch die Leberleistung anregen. (Der nachmittägliche warme Heublumensack auf die Leber und die auf Seite 35 beschriebene Holunderpackung gehören auch dazu!) Schöllkraut regt sämtliche Ausscheidungsvorgänge an, weil es den Gallenfluss fördert.

Besonders wertvoll ist auch die in dem Tee mit 24 g enthaltene Löwenzahnwurzel. Sie gilt zusammen mit dem Schöllkraut als eines der besten Mittel gegen Gallen- und Leberleiden, macht das Blut reiner und dünnflüssiger, führt ab, wirkt harntreibend und regt damit außer Leber und Galle auch die Nierentätigkeit an. Zugleich hat Löwenzahnwurzel eine beruhigende Wirkung auf die Magennerven.

Dieser Tee sollte nur während der Blutreinigungskur und nicht länger als drei Wochen täglich eingenommen werden!

Holunder sammeln und selber anbauen

Holunderbestandteile – Blüten, Beeren, Rinde, Mark und Blätter – kann man selbstverständlich nicht nur in der Apotheke kaufen, sondern auch selbst in freier Natur sammeln. Und natürlich kann man den hübschen Strauch, der in unseren Bauerngärten eine jahrhundertelange Tradition hat, auch selbst kultivieren. Was man beim Sammeln, Trocknen und Lagern und bei der Pflege des Holunders im eigenen Garten alles beachten muss, erfahren Sie in diesem Kapitel.

Um bei der eigenen Herstellung guter Holunderblüten- und Holunderblättertees sowie für die Erstellung eines Vorrats an medizinisch nutzbaren Holunderbeeren, -rinden, -wurzeln und von Holundermark optimale Wirkqualitäten zu erzielen, muss man unbedingt einige Regeln einhalten.

Grundsätzlich versteht sich heute wohl von selbst, dass man davon absehen sollte, sich Blüten und Beeren von Holunderbüschen zu holen, die direkt der Schadstoffbelastung viel befahrener Autostraßen ausgesetzt sind. Man sollte lieber an Waldrändern in einiger Entfernung von Autostraßen sammeln.

Regeln für das richtige Sammeln und Trocknen

Bitte nicht vergessen: Holunderrinde, -mark und -wurzeln wegen der darin enthaltenen Giftstoffe nur für die äußerliche Anwendung einsetzen (Rezepte siehe Seite 35). Für die innerliche Anwendung Fertigpräparate aus der Apotheke kaufen und den Arzt oder Heilpraktiker um Rat fragen!

Die **Rinde** sammelt man von Februar bis April. Dabei nimmt man nur die grüne Schicht zwischen Außenrinde und Holz. Die Rinde von jungen Trieben, die noch nicht verholzt sind, wird von den Zweigen geschält.

Holunderblätter und Triebspitzen sammelt man noch vor der Blüte von April bis Juni. Die Blätter sollten einzeln gepflückt werden, wobei man fleckige oder von Insekten angenagte aussondern soll.

Die **Holunderblüten** sammelt man – je nach Standort – ab Ende Mai bis Anfang Juli. Die Blüten haben ihre stärkste Wirkkraft, wenn man sie sehr bald nach dem ersten Erblühen pflückt.

Blüten und Blätter des Holunders für Heiltees sollten nur an trockenen Tagen gesammelt werden. Die beste Tageszeit ist am frühen Vormittag eines sonnigen Tages, wenn kein Tau mehr auf den Pflanzen liegt. Denn jede von außen eindringende Feuchtigkeit reduziert die spätere Heilkraft. Außerdem werden Blüten, die zu lange der Sonne ausgesetzt waren, beim Trocknen eher braun, sie verlieren ihre schöne cremegelbe Farbe.

Die Holunderblüten werden so geerntet, dass man die ganzen Blütenstände – also die Dolde quer zu den Stängeln – abschneidet. Bei den Blättern wählt man nur die ganz jungen Sprossen und Triebe.

In den Beeren ist der Mineralgehalt abhängig vom Standort. Überhaupt können laut wissenschaftlicher Untersuchungen die Inhaltsstoffe sehr stark von Standort und jeweiliger Art der Pflanze abhängig sein.

Die **Holunderbeeren** werden in vollreifem Zustand (ab August bis September) geerntet, wenn sie schwarzviolett bis ganz schwarz geworden sind. Bei der Ernte werden die ganzen Dolden mit der Schere abgeschnitten. Grüne oder noch hellviolette Beeren muss man aussortieren, ebenso müssen vor der Verarbeitung die Stiele entfernt werden.

Die **Wurzelrinde** kann im Frühjahr (April bis Mai) oder im September bis November gesammelt werden. Das weiße, luftige **Rindenmark** sollte man im Herbst sammeln, und zwar nur von jungen Trieben!

Trocknen sollte man das Sammelgut nur im Schatten, nie an der prallen Sonne – am besten auf einem Brett, das man mit unbedrucktem Papier bedeckt, und an einem gut belüfteten, warmen Platz. Von Zeit zu Zeit sollten die Blätter und Blüten gewendet werden.

Frische Holunderblätter wirken abführend, getrocknete Blätter wirken gegen Durchfall!

Die **Blütendolden** kann man auch zu Bündeln zusammenbinden und zum Trocknen an einem luftig warmen, aber schattigen Platz aufhängen. Insgesamt muss man beim Trocknen mit großer Behutsamkeit vorgehen, damit die Wirkstoffe nicht zerstört werden. Insbesondere ist Schnelligkeit Trumpf: Die Blüten dürfen überhaupt nicht herumliegen, bevor sie gezielt ausgelegt oder aufgehängt werden. Manche Sammler trocknen sie auch in einer erhitzten Kupferkasserolle, indem sie sie darin nur wenige Minuten zart wenden.

Holunderbeeren werden zu Hause mit der Gabel von den Dolden gestreift, bei Zimmerwärme offen auf unbedrucktem Papier ausgebreitet und so vorgetrocknet. Danach kann man sie im Backofen bei 40 °C fertig trocknen.

Die **Rindenteile** müssen schnell und schonend getrocknet werden, entweder im Schatten oder im Ofen – aber bei maximal 40 °C Wärme!

Das **Rindenmark** sollte man in mäßig warmer Sonnenbestrahlung trocknen, nachts sollte man es dann ins Haus nehmen. Im gebrauchsfertigen Zustand ist es ganz hellgrün, weich und sieht korkartig aus, mit breiteren Rissen. Innen muss es weiß und ganz weich sein.

Wie man Holunderbestandteile richtig lagert und konserviert

Die getrockneten Blüten, Blätter, Rinden und Wurzelteile sowie das Mark sollte man in Leinensäckchen luftig aufbewahren. Getrocknete Holunderbeeren sollten in dicht schließenden Büchsen oder Dosen lagern.

Frische Holunderbeeren können auch sehr gut eingefroren und somit das ganze Jahr zur Frischsaft-Zubereitung genutzt werden. Allerdings auch dann nicht vergessen, vor Gebrauch eine kurze Erhitzung zur Entkräftung des Giftstoffs Sambunigrin vorzunehmen!

Immer daran denken: Rohe Holunderbeeren sind giftig! Sie sind erst nach dem Erhitzen genießbar, können aber für Empfindliche selbst dann immer noch problematisch sein (Durchfall und Erbrechen)!

Frische Holunderblüten werden gerne für eine spätere Verarbeitung in Salz eingelegt und unter Druck gepresst, d. h. zu „Pickles“ verarbeitet. Heute erhält man in manchen Bioläden einfache kleinere Plastik-Picklespressen mit einem herunterschraubbaren Innendeckel für makrobiotische Pickles-Zubereitungen. Auf diese Weise kann man die kurze Blütezeit der Holunderblüten verlängern und sich einen kleinen Vorrat anlegen.

Verwandte Arten und Verwechslungsmöglichkeiten

Um den Schwarzen Holunder von seinen Verwandten zu unterscheiden, sollte man genau auf die charakteristischen Merkmale achten.

Der Traubenholunder *(Sambucus racemosa)* wird auch „Roter Holunder" genannt, weil seine Beeren im vollreifen Zustand scharlachrot sind. Diese Beeren sind wegen der Samenkörnchen in ihrem Inneren sehr giftig. Die Blütezeit des Trauben- oder Roten Holunders ist März bis Mai, die Reifezeit ist im Spätsommer.

Unterscheidungsmerkmale zum Schwarzen Holunder sind: fast eirunde Blätter, die sich im Herbst rötlich färben; Standorte bis in 2000 m Höhe, auf kalkarmen, nährstoffreichen Böden; grünlich gelbe Blüten in eiförmigen oder kegelförmigen Rispen; scharlachrote Beeren.

Der Zwergholunder *(Sambucus ebulus)* wird, wie der Name schon sagt, nicht so hoch wie der Schwarze Holunder und der Traubenholunder: Er erreicht eine Höhe von 50 cm bis maximal 2 m. Der Zwergholunder verströmt einen sehr abstoßenden Geruch und kann schon allein deshalb nicht so ohne weiteres mit den beiden anderen Holunderarten verwechselt werden. Er ist auch für eine Verwendung als Hausmittel aufgrund der leichten Giftigkeit seiner Beeren eher ungeeignet. Früher hat man die Beeren als leichtes Abführmittel gebraucht. Er wird in einige homöopathische Heilmittel eingearbeitet mit den gleichen Anwendungen wie der Schwarze Holunder.

Hauptmerkmale sind: gefiederte Blätter mit fein gesägten lanzettenartigen Formen; kleine weiße oder rosafarbene Blüten mit roten Staubbeuteln in 7–10 cm hohen Trugdolden; kugelige, schwarze Beeren; aufrecht stehende Blüten- und Beerendolden (im Gegensatz zum Schwarzen Holunder, bei dem die Beerendolden herabhängen).

Holunder im eigenen Garten

In den USA und in Kanada kennt man noch den Kanadischen Holunder (Sambucus canadensis). Diese Art hat aber in Europa noch keine größere Bedeutung erlangt, da Fruchtqualität, Ertrag und Farbstoffgehalt der bekannten Sorten nicht so hoch sind wie bei den Sorten des Schwarzen Holunders.

Neuerdings wird Schwarzer Holunder als wertvolles Wildgehölz auch im Garten angepflanzt. Besondere Ansprüche an das Klima stellt er nicht. Doch ist für eine optimale Entwicklung eine warme und geschützte Lage vorteilhaft. Ausgesprochene Frostlagen sind zu vermeiden, um Frostschäden im Winter an den Trieben auszuschließen.

Günstig ist ein mittelschwerer, frischer, nährstoffreicher Boden. Schwere, verdichtete und zu Staunässe neigende Böden sind ungeeignet. Die ideale Bodenreaktion liegt im schwach sauren Bereich bei pH 6,0 bis 6,5. Außerdem ist der Schwarze Holunder vergleichsweise salzverträglich und industriefest.

Holunder wird in der Regel vegetativ vermehrt. Üblich sind Grünstecklinge, die im Juli oder August geschnitten und bewurzelt werden. Auch eine Vermehrung durch Steckhölzer ist möglich. Dazu schneidet man bei frostfreiem Wetter im Dezember oder Januar starke Jahrestriebe. Daraus werden mit einem Schnitt über der Knospe etwa 15 cm lange Steckhölzer angefertigt. Sie werden bis zum Frühjahr frostfrei in feuchtem Sand gelagert. Zu Beginn der Vegetation werden die Steckhölzer im Garten so in den Boden gesteckt, dass die beiden obersten Knospen noch herausschauen. Die Hölzer bewurzeln sich relativ rasch und können im Herbst an Ort und Stelle gepflanzt werden. Die Jahrestriebe werden zu diesem Zeitpunkt gestutzt, damit ein buschiger Aufbau gewährleistet ist.

Man kann auch Junggehölze in einer Baumschule erwerben, was bei der Verwendung von Kultursorten sehr zu empfehlen ist. Sie werden als Büsche oder Viertelstämme mit einer Stammhöhe von ca. 80 cm angeboten.

Um über viele Jahre hinweg kräftigen Wuchs und einen reichen Ertrag zu erzielen, sind geeignete Pflegemaßnahmen erforderlich. Da Holunder zu den flach wurzelnden Gehölzen zählt, müssen tiefe Bodenpflegearbeiten unterbleiben. Ideal ist ein Mulchen um den Busch oder Stamm mit Gras oder einem ähnlichen Material. Die Stämme erhalten durch einen Baumpfahl Halt.

Wichtig sind auch die jährlichen Schnittmaßnahmen. Alle abgetragenen Fruchtäste sind nach der Ernte auf dicht an der Basis befindliche Jungtriebe zurückzuschneiden. Im folgenden Jahr können sich dann wieder 15 bis 25 neue Triebe entwickeln, die einen reichen Ertrag ermöglichen.

Werden mehrere Stämme nebeneinander gepflanzt, ist ein Mindestabstand von 3,5 m empfehlenswert. Bei Büschen beträgt der ideale Abstand je nach Wuchsstärke 5–6 m x 3–4 m.

Ein widerstandsfähiger, anspruchsloser Gast in unserem Garten

Der Befall durch Krankheiten und Schädlinge ist relativ gering. Bekannt ist vor allen Dingen ein Befall durch Blattläuse. Spezialisiert auf diese Gehölzart sind die Holunderblattläuse *(Aphis sambuci)*. Ein Befall durch diese Läuse führt zu verdrehten und verkrüppelten Blättern und Trieben und oft auch zu Befall mit Viren, die von den Läusen übertragen werden. Es ist daher sinnvoll, die Läuse mit einem für den Kleingarten zugelassenen Präparat zu bekämpfen.

Sehr häufig ist auch wild wachsender Holunder virusverseucht. Solche Exemplare haben keine Wuchsleistung und nur eine reduzierte Blütenentwicklung mit einem geringen Fruchtertrag.

In den vollen Ertrag kommen Büsche und Viertelstämme ab dem dritten oder vierten Standjahr. Zu diesem Zeitpunkt können 20 bis 40 kg Früchte je Baum oder Strauch erzielt werden. Der richtige Zeitpunkt für die Ernte ist gekommen, wenn die Beeren nahezu aller Fruchtstände blauschwarz verfärbt sind. Günstig ist es, die Dolden mit möglichst wenig Fruchtstielanteil abzuschneiden, um ein hochwertiges Erntegut zu erzielen. Es empfiehlt sich, das Erntegut in Plastikgefäßen zu lagern und zu transportieren.

Köstliche Rezepte mit Holunder

Holunderbeeren und -blüten sind nicht nur gesund – man kann daraus auch viele leckere Gerichte zaubern. Fruchtige Suppen und Saucen, erfrischende Kaltschalen für heiße Sommertage, Marmeladen und Mus, Desserts und Süßspeisen, bei denen einem das Wasser im Mund zusammenläuft – der Phantasie sind keine Grenze gesetzt. Auch viele köstliche und gesunde Getränke – mit und ohne Alkohol – lassen sich aus den Beeren und Blüten dieses vielseitigen Strauchs zubereiten. In diesem Kapitel finden Sie die interessantesten Holunder-Rezepte.

Suppen und Saucen

Apfel-Holunder-Kaltschale

Lecker sind dazu als Einlage Eischnee-klößchen. Als Zutaten braucht man dafür: 1 Eiweiß, 1 gestrichenen Teelöffel Puderzucker, 1 Prise Salz. Das Eiweiß mit dem Puderzucker und dem Salz steif schlagen. Mit 2 Kaffeelöffeln Klößchen abstechen und in die Kaltschale geben.

Diese Suppe schmeckt am besten, wenn sie am Vorabend zubereitet wird.

Zutaten für 4 Personen:
400 g Holunderbeeren (ohne Stiele)
2 saure Äpfel
200 g Zwetschen
$^1/_2$ l Wasser
6 EL Honig
1 Prise Zimt

- Holunderfruchtstände waschen und die Beeren von den Stielen streifen.
- Äpfel schälen, vierteln und mit den halbierten, entsteinten Zwetschen mit 4 Esslöffeln Wasser einkochen.
- Den ganzen Brei durch ein Sieb streichen.
- Dieses Mus mit dem restlichen Wasser, Honig und Holunderbeeren aufkochen lassen.
- Holunderfruchtmasse mit Zimt abschmecken und abkühlen lassen.
- Die Suppe kalt servieren.

▶ Frische Minze zur Garnierung rundet den Geschmack der vitaminhaltigen Suppe ab.

Holunder-Weißwein-Sauce

Holunderbeeren sind nicht nur interessante Grundlage für Suppen, sondern auch für Saucen!

Diese Sauce schmeckt prima zu süßen Grieß- oder auch Reisklößchen.

Zutaten für 4 Personen:
450 g Holunderbeeren
$^3/_8$ l Wasser
$^1/_8$ l Weißwein
50 g Dörrpflaumen (Reformhaus)
50 g Mehl
50 g Butter
50 g brauner Zucker

- Holunderbeeren gründlich waschen und entstielen.
- Die Beeren mit braunem Zucker und Dörrpflaumen in $^3/_8$ l Wasser aufkochen und bei geschlossenem Deckel etwa 5–10 Minuten garen lassen.
- Aus Butter und Mehl eine leichte Mehlschwitze herstellen und mit $^1/_8$ l Weißwein ablöschen.
- Dann die Masse aus gekochten Beeren und Pflaumen einrühren, aufkochen und 10 Minuten ziehen lassen.
- Wen die Kerne der Beeren stören, der kann die Sauce zum Schluss durch ein Sieb streichen.

◀ *Sitzen Kinder am Tisch – Weißwein gegen Apfelsaft austauschen.*

Holunderbeersuppe mit Brandteigklößchen

Eine wohlschmeckende Obstsuppe, die durch die Quarkgrießklößchen auch gut sättigend und vollwertig ist.

Als schnelle Suppeneinlage schmeckt auch Zwieback lecker.

Zutaten für 4 Personen:

Für die Suppe:

1 l Holunderbeersaft
5–6 EL Zucker
2 EL Zitronensaft
4 Äpfel
3–4 EL Instant-Haferflocken

Für die Quarkgrießklößchen:

$^1/_8$ l Milch
1 EL Butter
1 Prise Jodsalz
1–2 TL Zucker
65 g Grieß
1 EL Magerquark
1 Ei, sehr frisch

- Äpfel schälen, entkernen und in kleine Stücke schneiden. Holunderbeersaft mit Zucker und Zitronensaft abschmecken und die Apfelstückchen darin garen.
- Die Instant-Flocken in etwas kaltem Wasser anrühren und damit die Suppe binden.
- Milch, Butter, 1 Prise Jodsalz und Zucker in einem Topf zusammen aufkochen, auf Stufe 0 Schalten!
- Grieß einstreuen und so lange rühren, bis sich die Masse kloßartig zusammenballt.
- Kochtopf von der Platte nehmen. Masse etwas abkühlen lassen. Ei und 1 EL Magerquark untermengen.
- Mit 1 TL – vorher ins kalte Wasser tauchen – kleine Klößchen abstechen.
- In Salzwasser 10 Minuten bei schwacher Hitze garen.
- Die Suppe in tiefe Teller füllen und die Quarkgrießklößchen hineingeben.

▶ ***Statt Quarkgrießklößchen schmecken auch Brandteigklößchen gut zu der Suppe.***

Schweinefilet an Holundersauce süßsauer

Sie können diese originelle Sauce auch einmal zu gegrilltem Hähnchen probieren, köstlich!

Diese pikante Sauce kommt aus England und lässt sich zu allen Fleischgerichten reichen. Aber besonders gut passt sie zu Wildspeisen.

Zutaten für 4 Personen:

500 g frische Holunderbeeren
$^1/_2$ l Obstessig
1 TL Jodsalz
1 Prise Muskat
40 bunte Pfefferkörner
1 kleines Stück Ingwerwurzel
12 Gewürznelken

- Die Holunderbeeren gründlich waschen und entstielen. Die Birnen gemeinsam mit dem Obstessig in einen Topf geben und über Nacht abgedeckt ziehen lassen.
- Am nächsten Morgen die Flüssigkeit abgießen. Mit Jodsalz, Muskat, Ingwerwurzel, Pfefferkörnern und Gewürznelken würzen.
- Die Sauce mit allen Gewürzen ca. 15–20 Minuten lang kochen lassen, etwas abkühlen lassen.
- Zum Schluss die fertige Sauce in sauber gespülte Flaschen füllen, diese gut verschließen und an einem kühlen, dunklen Ort ca. 1 Woche ziehen lassen. Dann hat sich das Aroma der Gewürze so richtig entfaltet.

◀ *Zu der intensiv schmeckenden Sauce und dem Fleisch passt zur Abrundung frisches Mischgemüse.*

Leichtes Holundersüppchen

Zutaten für 4 Personen:

Dazu schmecken geröstete Weißbrotwürfel.

150 g abgestreifte Holunderbeeren
$^{1}/_{2}$ l Wasser
250 g geschälte Äpfel
Schale einer Zitrone
1 Prise Salz
2 EL Speisestärke
Zucker nach Geschmack
Zitronensaft

- Die Holunderbeeren waschen und mit einem halben Liter Wasser ankochen. Bei Restwärme (Nachwärme) ca. 5 Minuten fertig garen und pürieren.
- Die Kerngehäuse der Äpfel entfernen und die Äpfel in feine Scheiben schneiden.
- Die Apfelscheiben in wenig Wasser mit der Zitronenschale und einer Prise Salz zum Kochen bringen, alles kurz aufkochen, die Zitronenschale herausnehmen und 10 Minuten dünsten lassen.
- Speisestärke mit etwas Wasser verquirlen, in die Apfelmasse einrühren und eine halbe Minute in der Restwärme fertig garen.
- Das Apfelmus mit dem Holunderbrei vermischen und mit Zucker und Zitronensaft abschmecken.
- Diese Holundersuppe schmeckt warm und kalt.

▶ *Statt mit Äpfeln kann man die Suppe auch mit Birnen zubereiten.*

Hauptgerichte

Wildschweinbraten mit Holdunderbirnen

Wem der Wildschweingeschmack zu intensiv ist, der kann das Rezept auch mit Reh- oder Hasenbraten probieren.

Wer möchte, bindet die geschmorten Holunderbirnen mit angerührter Speisestärke.

Zutaten für 4 Personen:

1 kg Wildschweinrücken
Jodsalz
Pfeffer aus der Mühle
40 g Butterschmalz
100 g fetter Speck
1 Zwiebel
4 kleine Birnen
2 Dolden Holunder
10 Zwetschen
1 TL Zucker
4 EL Rotwein

Für die Beize:

Buttermilch
Thymian
Wacholderbeeren
Gewürzdosis

- Fleisch waschen. Für 3–4 Tage in eine Beize aus Buttermilch mit Gewürzen legen und Fleisch täglich wenden. Aus der Beize nehmen, abtrocknen, dann mit Salz einreiben und mit Butterschmalz bestreichen und Speckscheiben belegen.
- Fettpfanne mit Wasser ausspülen, dünne Speckscheiben hineinlegen, Wildschweinbraten darauf geben.
- Zwiebeln schälen, vierteln und dazugeben.
- Auf der unteren (oder mittleren) Einschubleiste bei 200 °C 90–120 Minuten braten.
- Inzwischen die Birnen waschen, schälen, halbieren und die Kerngehäuse herausschneiden. Birnen in dünne Scheiben schneiden. Holunderbeeren waschen und entstielen. Die Zwetschen waschen, halbieren und entsteinen.

- Alle Früchte mit Zucker bestreuen und in den Bratenfond geben. Dann mit dem Rotwein ablöschen, Butterschmalz in Stückchen dazugeben und mitschmoren lassen. Nach Bedarf Wasser zufügen.
- Nach dem Braten den Wildschweinrücken aus der Fettpfanne nehmen, einige Zeit ruhen lassen und in schräge Scheiben schneiden! Abdecken und warm stellen.
- Fleischsaft vom Brett in die Fettpfanne zu den geschmorten Früchten gießen und einkochen lassen.

Schweinefilet mit Champignonfüllung an Holundersauce

Ein raffiniertes Gericht, wenn man seine Gäste verwöhnen will – dabei ist es auch für „ungeübte“ leicht zuzubereiten!

Probieren Sie einmal folgende Variante als Füllung – statt Schweineleber 250 g frische Champignons nehmen.

Zutaten für 4 Personen:
500 g Schweinefilet
150 g Schweineleber
2 Scheiben Toastbrot ohne Rinde
2 EL Öl
120 g frische Champignons
1 Bund Petersilie
1 kleiner Zweig Rosmarin
Jodsalz
Pfeffer aus der Mühle
30 g Butterschmalz zum Braten

Für die Holundersauce:
3 Schalotten
2 EL Butter
$^1/_8$ l Rotwein
$^1/_8$ l Holundersaft (Reformhaus)
1 EL Crème fraîche
nach Geschmack Jodsalz und Pfeffer

- Die Filetspitze abschneiden und fein hacken. Die frischen Champignons gründlich putzen und in Scheiben schneiden.

- Die Schweineleber und das Toastbrot in kleine Würfel schneiden. Alles zusammen mit den Champignons in heißem Öl anbraten, beiseite stellen und erkalten lassen.
- Das Filet der Länge nach einschneiden und auseinander klappen. Die Füllung darauf verteilen, wieder zusammenklappen und mit Küchengarn festbinden.
- Das Butterschmalz in einer Pfanne erhitzen und das Filet von allen Seiten darin kräftig anbraten, die Hitze reduzieren und 15–20 Minuten schmoren lassen.
- In der Zwischenzeit die Schalotten für die Holundersauce waschen und in kleine Würfel schneiden. Dann in einem kleinen Topf in Butter andünsten, Rotwein und Holundersaft hinzugießen und etwa 6–10 Minuten bei geringer Hitze einkochen lassen.
- Den Bratensaft einrühren und die Crème fraîche hinzufügen. Die Sauce nach Geschmack mit Salz und Pfeffer abschmecken.
- Das Filet in schräge Scheiben schneiden und mit der Holundersauce servieren.

▶ *Besonders delikat schmeckt die Sauce mit einem kräftigen Schuss Rotwein.*

Ruccola-Ravioli mit Holundersahnesauce

Nichts geht doch über selbst gemachte Ravioli – besonders mit einer Füllung aus Ruccola einfach ein Genuss! Und statt der klassischen Tomatensauce – wie wär's einmal mit eine Holundersauce!

Zutaten für 4 Personen:

Für den Nudelteig:
500 g Mehl
4 Eier
4–6 EL Wasser
1 TL Salz

Für die Füllung:
200 g Ruccola
50 g Butter
50 g Zwiebeln
50 g Pinienkerne
40 g geriebener Käse
Salz

Für die Sauce:
200 ml süße Sahne
1 TL Gemüsebrühe
Jodsalz
Pfeffer aus der Mühle
50 g Holunderblüten

Probieren Sie dieses Rezept im Frühling einmal mit den ersten zarten Brennnesselblättern statt mit Ruccola!

- Die Zutaten für den Nudelteig in die Rührschüssel einer elektrischen Hand- oder Standküchenmaschine geben und mit den Knetwerkzeugen zunächst auf niedriger, dann auf höherer Einstellung zu einem glatten, geschmeidigen Teig verarbeiten. Teig zu einer Kugel formen und abgedeckt 30 Minuten ruhen lassen.
- Die Ruccolablätter in einem Teil der Butter dünsten. Abtropfen lassen und klein hacken. Die Zwiebeln klein würfeln und die Pinienkerne zerdrücken. Zwiebeln, Pinienkerne und den klein geschnittenen Ruccola mit der restlichen weichen Butter und dem geriebenen Käse verrühren. Die Masse mit Salz abschmecken.

- Den Nudelteig ausrollen und in etwa 5 cm große Quadrate schneiden. Auf jedes Teigstück etwas Ruccolamischung geben, zusammenklappen und am Rand fest zusammendrücken. Die Ravioli in kochendem Wasser garen, bis sie an die Oberfläche steigen. Abtropfen lassen und warm halten.
- Die Holunderblüten waschen und vom Stiel entfernen. Die Sahne in einem kleinen Topf erhitzen und darin die Holunderblüten etwa 15 Minuten köcheln lassen.
- Dann die Holunderblüten abgießen und die Sauce mit Jodsalz, Pfeffer und Gemüsebrühe abschmecken.
- Die Holundersauce über die Ravioli geben und servieren.

▼ *Der Holunder steht nur kurze Zeit Ende Mai bis Anfang Juni in voller Blüte.*

Desserts

Hollerküchle

Mit dieser traditionellen, sommerlichen Süßspeise servieren Sie Ihrer Familie und Gästen etwas ganz Besonderes!

Zutaten für 4 Personen:
8 voll aufgeblühte Holunderblütendolden

Für den Backteig:
150 g Mehl
50 ml Milch
50 ml helles Bier
2 Eigelb
2 Eiweiß
50 g Zucker
1 Prise Salz

Außerdem:
Butterschmalz zum Ausbacken
250 g süße Sahne
etwas ausgeschabtes Vanillemark
Puderzucker zum Bestreuen
abgeriebene Schale einer unbehandelten Zitrone

- Die Holunderblüten gründlich waschen und auf Küchenpapier abtrocknen lassen.
- Das Mehl in eine große Schüssel sieben und dann mit Salz, Milch, Bier verrühren und die Eigelbe dazugeben. Eiweiß und Zucker steif schlagen und mit der Zitronenschale unter den Teig heben.
- Die Blüten am Stiel anfassen und vorsichtig in den Teig tauchen, herausheben und den Teig etwas ablaufen lassen. Die Blüten sofort in einer tiefen Pfanne mit heißem Butterschmalz goldbraun ausbacken.
- Die süße Sahne mit Vanillemark abschmecken und halb steif schlagen. Die mit dem Puderzucker bestreuten Küchle mit Vanillesahne servieren.

Wenn Sie im Besitz einer Fritteuse sind, können die Hollerküchle auch darin kurz gebacken werden.

Holunderbeerspeise mit rotem Traubensaft

Dies ist ein köstliches Dessert für goldene Herbsttage!

Zutaten für 4 Personen:
400 g Holunderbeeren
75 g Zucker
$^1/_4$ l roter Traubensaft
1 Zimtstange
2 Gewürznelken
geriebene Schale einer Zitrone
Saft einer halben Zitrone
3 Gelatineblätter

Um dem Pudding noch eine besondere Note zu geben, können Sie frische Früchte nach Wahl unterrühren!

- Blattgelatine mit kaltem Wasser bedeckt in einer großen Tasse 5–10 Minuten einweichen und quellen lassen.
- Die Holunderbeeren gründlich waschen und entstielen. Gemeinsam mit dem roten Traubensaft, Zucker und den Gewürzen aufkochen und danach durch ein Sieb streichen.
- Mit Zitronensaft abschmecken, evtl. nachsüßen. Etwa 5 Minuten köcheln lassen.
- Gequollene Blattgelatine aus dem Wasser nehmen, leicht ausdrücken und in die heiße Saftmasse geben. So lange kräftig rühren, bis sich die Gelatine aufgelöst hat und flüssig ist!
- Wichtig: Nicht kochen lassen, sonst verliert Gelatine ihre Gelierkraft und ihren neutralen Geschmack.
- Die Speise in 4 Schälchen füllen und kühl stellen, damit Sie fest wird.

◀ *Eine wohlschmeckende Dekoration ist eine Weinschaumsauce. Dazu schlägt man 4 Eigelb, 200 ml Wein und 50 g Zucker über dem Wasserbad cremig auf.*

Holunderblüten-Pfannkuchen

Zutaten für 4 Personen:

$^1/_2$ l Milch
4 Eier
$^1/_2$ TL Salz
200 g Mehl
100 g Instant-Haferflocken
8 Holunderblüten
Butterschmalz zum Ausbacken

- Einen Pfannkuchenteig aus Milch, Eiern, Salz, Mehl und Instant-Flocken anrühren und 15 Minuten quellen lassen.

▼ ***Pfannkuchen lassen sich ganz einfach umdrehen, indem man einen flachen Topfdeckel zur Hilfe nimmt. Lassen Sie einfach den Pfannkuchen auf den Deckel rutschen und geben den Pfannkuchen dann mit der Oberseite zuerst wieder in die Pfanne!***

- Butterschmalz in einer Pfanne erhitzen und Teig für jeweils einen Eierkuchen hineingeben. Die Holunderblüte wird dann in den Teig gedrückt.
- Da der Stängel etwas bitter schmeckt, wird er mit einer Schere so dicht wie möglich an der Blüte abgeschnitten.
- Den Pfannkuchen von beiden Seiten goldgelb backen und zum Schluss mit braunem Zucker bestreuen.

Weißwein-Holunder-Sorbet

Diese leichte, erfrischende Nachspeise eignet sich sehr gut für die heißen Tage im Jahr! Sie ist bekömmlich und äußerst figurfreundlich, denn sie ist fettarm!

Ein Sorbet ist ein halb gefrorenes, wenig gesüßtes Eis, das aus Fruchtmus oder Fruchtsaft hergestellt wird. Es kann auch gut als Eisgetränk serviert werden, wenn es mit kaltem Fruchtsaft, Sekt, Wein oder mit Sodawasser aufgefüllt wird.

Zutaten für 4 Personen:
100 ml Holundersaft (Reformhaus)
200 ml süßer Weißwein oder heller Traubensaft
2 EL Zucker
Schale einer unbehandelten Orange
$^1/_2$ Zimtstange
$^1/_4$ l Apfelsaft

- Alle Zutaten miteinander vermischen. Dann in einer Eismaschine oder im Gefrierfach gefrieren lassen.
- Dabei dreimal in 40-minütigem Abstand immer wieder mit dem Mixer durchrühren.
- Das Sorbet in einen Spritzbeutel geben und in vorbereitete Dessertgläser füllen.

Kuchen, Marmelade und Mus

Holunderkuchen

Die Holunderbeeren geben diesem Rührteigkuchen das gewisse Aroma und machen ihn schön saftig!

Aber bitte mit Sahne – warum nicht! Übrigens: Der Kuchen schmeckt lauwarm auch mit 1 Kugel Vanilleeis sehr lecker!

Zutaten für eine Springform:

100 g fein gehackte Haselnüsse
3 EL Rum
250 g Margarine oder Butter
250 g Zucker
1 Prise Jodsalz
5 frische Eier
250 g Mehl
1 TL Backpulver
1 TL Zitronenschale
500 g vorbereitete Holunderbeeren

- Die Haselnüsse in eine Schüssel geben, den Rum darüber gießen und zugedeckt durchziehen lassen.
- Margarine oder Butter, Zucker und Salz mit dem Mixer schaumig rühren, bis sich der Zucker gelöst hat. Dann die Eier nach und nach unterrühren.
- Mehl, Backpulver und die Zitronenschale mischen und zur Margarinen-Zucker-Ei-Masse dazugeben. Die Nussmischung ebenfalls hinzuschütten und alles gut verrühren.
- Die Holunderbeeren waschen und von den Stielen zupfen.
- Die Springform fetten, knapp die Hälfte des Teigs einfüllen und ca. 400 g der Holunderbeeren gleichmäßig darauf verteilen. Den restlichen Teig darüber geben und mit den restlichen Beeren bestreuen.
- Den Kuchen mit Alufolie abdecken und im vorgeheizten Backofen bei 175 °C (Umluftherd) bzw. Stufe 2 (Gasherd) 40–45 Minuten backen.

Holunder-Quitten-Konfitüre

Konfitüren aus eigener Küche liegen wieder voll im Trend! Voll ausgereifte Früchte aus dem eigenen Garten, ohne Zusatzstoffe, schmecken einfach besser!

Zutaten:

750 g Holunderbeeren
$^1/_4$ l Wasser
Vanillemark
750 g Quitten
$^1/_4$ l Wasser
1 kg Zucker

- Die Holunderbeeren waschen, entstielen und mit $^1/_4$ l Wasser in einem Topf etwa 3 Minuten kochen.
- Danach die Beeren durch ein Sieb passieren.
- Quitten gründlich waschen und in Stücke schneiden. Ebenfalls mit $^1/_4$ l Wasser ca. 3 Minuten kochen und durch das Sieb passieren.
- Das Mus zusammenmischen und wiegen. Die Hälfte des Gesamtgewichtes an Zucker hinzufügen. Nun alles aufkochen lassen und heiß in die sauberen Einkochgläser füllen.

Schmeckt nicht nur zum Frühstück. Liebevoll verpackt, sind selbst hergestellte Konfitüren jederzeit ein willkommenes Mitbringsel oder ein kleines Geschenk.

Husten-Marmelade

Da diese Marmelade viel Vitamin C enthält, ist sie wunderbar geeignet bei Erkältungskrankheiten. Mehrmals täglich 1–2 Teelöffel von der leckeren Marmelade naschen!

Zutaten:
750 g entstielte, gewaschene Holunderbeeren
250 g Sauerkirschen, entsteint und gewaschen
4 EL Zitronensaft
1 kg Gelierzucker

- Holunderbeeren und Sauerkirschen im Mixer grob zerkleinern.
- Zitronensaft und 500 g Gelierzucker hinzufügen und 12 Stunden zugedeckt ziehen lassen.
- Fruchtmasse im hohen Kochtopf unter Rühren ankochen, restlichen Gelierzucker hinzufügen und unter Rühren erneut aufkochen und 3 Minuten fortkochen, evtl. abschäumen.
- Heiß in die vorbereiteten Gläser füllen und diese sofort verschließen.

▼ *Zum luftdichten Verschließen setzt man Glasdeckel mit Gummiringen auf. Als Verschluss dienen Stahlklammern.*

Holunderfruchtaufstrich

Früher ging es beim Einkochen nur darum, Vorräte für den Winter zu schaffen. Heute sind es ganz andere Aspekte, die eine Rolle spielen. Ganz entscheidend sind kulinarische Beweggründe wie individuelles Herstellen von Leckerbissen nach eigenem Rezept.

Zutaten:
750 g gepflückte Holunderbeeren
200 g Pflaumen
500 g Puderzucker
2 TL Weingeist (Apotheke)

- Die Holunderbeeren von den Stielen pflücken und gut waschen. Pflaumen ebenfalls gründlich waschen, entkernen und in Viertel schneiden.
- Die Pflaumen und Beeren in eine große Schüssel geben und mit dem Puderzucker bestreuen. Dann über Nacht abgedeckt in den Kühlschrank stellen.
- Am nächsten Morgen die Früchte in einen Topf umfüllen und ca. 30 Minuten einkochen lassen, dabei ab und zu umrühren.
- Das heiße Fruchtmus in ausgekochte Einkochgläser füllen. Als Deckelverschluss empfiehlt sich Pergamentpapier, welches man kurz in Weingeist eintaucht. Damit lassen sich die Gläser luftdicht verschließen.

Sie können diesem Fruchtaufstrich eine andere Note geben, wenn Sie statt des Weingeists Rum, Cognac oder ähnliche Alkoholika verwenden.

Heiße und kalte Getränke

Großmutters Holundersaft

Es gibt verschiedene Arten, den Saft aus den Früchten zu bekommen: Man kann eine Obst- und Beerenpresse verwenden oder den Entsafter, in einem Kochtopf mit wenig Wasser oder mit einem Dampfentsafter.

Dieser wohlschmeckende Saft war früher wie heute ganz besonders beliebt bei Kindern!

Zutaten:
1 kg Holunderbeeren
1 l Wasser
300 g Zucker

- Die Beeren gründlich waschen und von den Stielen entfernen. Dann die Früchte in kochendes Wasser geben und kochen lassen, bis sie völlig geplatzt sind.
- Anschließend werden die Beeren durch ein feines Sieb oder Tuch passiert.
- Den entstandenen Saft mit dem Zucker vermischen und zwölf Minuten bei mittlerer Hitze kochen lassen.
- Den noch heißen Saft in zuvor ausgekochte Flaschen füllen und mit einem Korken verschließen oder zubinden.

Holler-Sommer-Sekt

Ein frisches Sommergetränk, das auch im Spätherbst noch köstlich schmeckt.

Zutaten:
10 l Wasser
10–15 große Holunderblütendolden
1,2 kg Zucker
Saft von 2–3 Zitronen

- Die Holunderblütendolden gut säubern und mit den 10 l Wasser, dem Zitronensaft und dem Zucker in einen großen Glasballon geben.
- Das Ganze so lange schwenken und umschütteln, bis sich der Zucker vollständig aufgelöst hat.
- Den Glasballon an einem warmen, sonnigen Platz 4–6 Tage gären lassen, dann 1 ungespritzte, in Scheiben geschnittene Zitrone hinzufügen und nochmals einen weiteren Tag ruhen lassen.
- Entweder gleich eisgekühlt trinken oder abseihen, in gereinigte Mineralwasserflaschen füllen und an einem kühlen und dunklen Ort noch ungefähr ein Vierteljahr ausgären lassen. Aber Vorsicht beim späteren Öffnen der Flaschen, da sie unter Druck stehen und der Inhalt stark schäumt!

▼ *Wenn man einen Teil des Sekts gleich trinken will, kann man ihn auch in einer Bowle servieren.*

Holunder-Aperitif

Mit diesem Cocktail kommen Sie beim nächsten Sommerfest groß raus!

Zutaten:
20–25 Holunderblüten
10 g Zitronensäure (Apotheke)
1 l Wasser
3 kg Zucker
Prosecco, eisgekühlt

- Die Holunderblüten mit der Zitronensäure, dem Wasser und dem Zucker in einem Glasballon mischen und für drei Wochen stehen lassen.
- Nach der Zeit das Ganze in eine Flasche füllen und dunkel aufbewahren.
- Um nun den Aperitif zu erhalten, mischen Sie unter $^1/_8$ l Prosecco ca. 2 cl des Holundersirups und servieren ihn gekühlt!

◀ ***Man kann den leichten Sirup auch mit Mineralwasser aufgießen.***

Wenn beim Zubereiten der Holunderbeeren Kinder in der Küche sind, sollten Sie darauf achten, dass diese nicht von den schön aussehenden roten Beeren naschen. Rohe Holunderbeeren können Übelkeit und Brechreiz hervorrufen. Aber sobald sie gekocht sind, sind Holunderbeeren sehr bekömmlich und gesund!

Holunder-Honig-Punsch

Man kann den Punsch gleich heiß trinken oder in Flaschen aufbewahren.

Zutaten:
2 kg Holunderbeeren
200 ml Wasser
200 ml Apfelsaft
200 g Honig

- Die Beeren gründlich reinigen und mit dem Wasser-Apfelsaft-Gemisch dünsten, bis sie weich sind.
- Dann alles durch ein Geschirrtuch gießen, den abgefilterten Saft mit dem Honig vermischen und alles nochmals kurz aufkochen. Den Punsch noch heiß in Flaschen abfüllen und sofort gründlich verschließen.

Holunderblütentee

Stärkt die Abwehrkräfte gegen Erkältungserreger.

Zutaten:
1 EL getrocknete Holunderblüten
etwas Melisse
1 l kochendes Wasser
Honig oder Kandiszucker
1 Prise Zimt

- Die getrockneten Holunderblüten mit dem Wasser übergießen. Das Ganze 10 Minuten ziehen lassen und durch ein Sieb geben. Dann nach Belieben mit Honig oder Kandiszucker süßen und kühlen lassen.

▶ *Am besten wirkt der Tee, wenn man ihn lauwarm und schluckweise trinkt.*

Register